大格局带来**大事业**，沉住气才能**成大器**

从平凡到卓越的心灵修炼

陆志伟 著

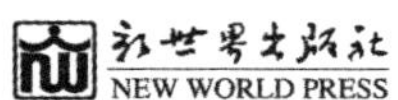

图书在版编目（CIP）数据

从平凡到卓越的心灵修炼／陆志伟著. --北京：新世界出版社，2017.3

ISBN 978-7-5104-5985-6

Ⅰ.①从… Ⅱ.①陆… Ⅲ.①成功心理－通俗读物 Ⅳ.①B848.4-49

中国版本图书馆CIP数据核字（2016）第224312号

从平凡到卓越的心灵修炼

作　　者：陆志伟
责任编辑：张杰楠
责任校对：宣　慧
责任印制：李一鸣　黄厚清
出版发行：新世界出版社
社　址：北京西城区百万庄大街24号（100037）
发行部：（010）6899 5968　（010）6899 8705（传真）
总编室：（010）6899 5424　（010）6832 6679（传真）
http://www.nwp.cn
http://www.nwp.com.cn
版权部：+8610 6899 6306
版权部电子信箱：nwpcd@sina.com
印　刷：三河市骏杰印刷有限公司
经　销：新华书店
开　本：710mm×1000mm　1/16
字　数：210千字　　印张：12
版　次：2017年3月第1版　2017年3月第1次印刷
书　号：ISBN 978-7-5104-5985-6
定　价：32.80元

前言 Preface

在当代，越来越拥挤的生存空间，越来越快的生活节奏，越来越激烈的职场竞争，无声无息地折磨着人们的灵魂，使人们或多或少都患上了心理疾病。

在那些与成功失之交臂的人和屡败屡战的人之中，有很多难得的英才。只是浮躁虚耗了他们实现理想抱负的动力，斤斤计较磨灭了他们奋发向上的斗志，使他们终究功亏一篑。

坚定心灵的方向和人生的信仰，是对浮躁心态的彻底否定，是人之修养的至高境界。面对人生的潮起潮落和世间百态，我们只有收敛锋芒，去除骄躁之气，耐得住寂寞，抱定脚踏实地、吃苦耐劳的决心和勇气，才能不断修炼自己的品格，提升自己的能力，并通过一点一滴的积累获得成功。

那么什么是心灵的方向、人生的信仰？

明代的吕坤在《呻吟语》中给出了答案：在身处危难之时，内心却安乐；在地位卑贱之时，内心却高贵；在身受冤屈无法伸张之时，内心却豁达，就会泰然处之。把康庄大道视为山谷深渊，把强壮健康视为疾病缠身，把平安无事视为不测之祸，那么你在哪里都会安稳。

吕坤说的三个“在”，表明了在这个纷繁复杂的当代社会中，我们应该坚守怎样的心态。如果一个人能够真正领悟并运用好这一处世良方，那么他就对任何环境都不难适应，再复杂的人际关系也不难处理。

本书列举了历史上和生活中的大量案例，从放下杂念、埋头坚持、方圆智慧、学会放下、自制忍让、吃亏包容、选择放弃、进退有道、大智若愚、人际关系、说话艺术、职场生存、幸福生活等方面对为人处世方法，尤其是心态，进行了详细解读，论述深入浅出，贴近生活，通俗易懂，有助于广大读者更好地以脚踏实地的务实态度和坚定不移的执着精神去面对每一天的挑战，开拓更辉煌的人生。

高尔基说："书是人类进步的阶梯，终生的伴侣，最诚挚的朋友。"歌德也说："读一本好书，就是和许多高尚的人谈话。"现实生活中，你如果遇到了什么困惑，难以抉择，不妨翻开这本书，让心慢慢平静下来，通过一些高人的开悟，读透成功的真相以及人生的真意。

"气，乃神也；气定，则心定，心定则事圆。"一个人沉得住气在事业和生活中有重要作用。不哀悼过去，不惶恐未来，走好脚下的路，用心做好每一天，你自然会一步步接近成功。

第一章　放下杂念，人生宁静心自如

第二章　树立积极心向，用信念熬成伟大

第三章　人品为先，方圆通达有诀窍

第四章　拿起放下成所愿，遂心如意赢人生

第五章　磨炼强大意志，沉着冷静应万变

第六章　心量有多大，成就就有多大

第七章　戒了吧，那些贪婪与欲望

第八章　推倒思维里的墙，突破自己

第九章　藏拙示弱，让人看不透你

第十章 说话要懂得心理策略

第十一章 钝感力当先，重塑职场心态

第十二章　成功不是全部，幸福靠平常心守住

第一章

放下杂念，人生宁静心自如

《大学》中说："知止而后有定，定而后能静，静而后能安，安而后能虑，虑而后能得。"知道应达到的境界，我们才会有定力；有了定力，我们的心才能静下来，不会妄动；心不妄动，然后才能安于处境身心安泰；身心安泰，才能处事精当思虑周详；思虑周详，才能得到至善的境界。

遵从内心深处的渴望

很多时候，我们的内心都被外物所遮蔽，浮躁占领了我们的整颗心，因此在人生中留下许多遗憾：在学业上，由于我们还不会倾听内心的声音，所以盲目地选择了别人为我们选定的、他们认为最有潜力和前景的专业；在事业上，我们故意忽视自己内心的声音，在一哄而起的热潮中，选择那些最被众人看好的热门职业；在爱情上，我们常因外界的声音扭曲了内心的渴望，因考虑经济、地位等非爱情因素而错误地选择了恋爱对象……现代人惯于为自己做各种周密而细致的盘算，权衡着各种利害得失，我们唯一忽视的便是去听一听自己内心的声音。

一位长者问他的学生："你心目中的人生美事为何？"学生列出一张"清单"：健康、才能、美丽、爱情、名誉、财富……谁料老师不以为然地说："你忽略了最重要的一项——心灵的宁静，没有它，上述种种都会给你带来极大的痛苦！"

快节奏的生活、工作的压力容易使人心态失衡，如果患得患失，不能以平和的心态去面对无穷无尽的诱惑，就会令人感到心力交瘁或迷惘躁动。

老街上有一位老铁匠。由于早已没人需要打制铁器，现在他改卖铁锅、斧头和拴小狗的链子。

他的经营方式非常传统。人坐在门内，货物摆在门外，不吆喝，不还价，晚上也不收摊。你无论什么时候从这儿经过，都会看到他在竹椅上躺着，手里拿着一个半导体收音机，身旁放着一把紫砂壶。

他的生意也没有好坏之说。每天的收入正好够他喝茶和吃饭。他老了，已不再需要多余的东西，因此他非常满足。

一天，一个文物商从老街经过，偶然看到老铁匠身旁的那把紫砂壶，这壶古朴雅致，紫黑如墨，有清代制壶名家戴振公的风格，文物商走过去端起那把壶细看。壶嘴内有一记印章，果然是戴振公的。商人惊喜不已，因为戴振公在世界上有捏泥成金的美名，据说他的作品现在仅存3件，要么收藏在博物馆中，要么私人收藏。

商人想以10万元的价格买下那把壶。当他说出这个数字时，老铁匠先是一惊，后又拒绝了，因为这把壶是他爷爷留下的，他们祖孙三代打铁时喝的都是这壶里的水。

商人走后，老铁匠有生以来第一次失眠了。这把壶他用了近60年，并且一直以为是把普普通通的壶，现在竟有人要以10万元的价格买下它，他转不过神来。

过去，他躺在椅子上喝水，都是闭着眼睛把壶放在小桌上，现在他总要坐起来再看一眼，这让他非常不舒服。特别让他不能容忍的是，当人们知道他有一把价值连城的茶壶后，蜂拥而至，有的问他还有没有其他的宝贝，有的开始向他借钱，更有甚者，晚上敲他的门。他的生活被彻底打乱了，这把壶也成了烫手山芋。

当那位商人带着20万元现金，第二次登门的时候，老铁匠再也坐不住了。他招来周围的人，拿起一把斧头，当众把那把紫砂壶砸了个粉碎。

后来，老铁匠一直卖铁锅、斧头和拴小狗的链子，据说他活到了100多岁。

老铁匠听从了自己内心的声音，遵从了自己内心深处的渴望，从而得以安度晚年。

我们唯有拥有心灵的宁静，才不眼热权势显赫，不奢望金银成堆，不乞求声名鹊起，不羡慕美第华宅。因为所有的眼热、奢望、乞求和羡慕，都是一厢情愿，只能加重生命的负担，加速心灵的浮躁，而与豁达康乐无缘。

放下杂念，生命充实稳健

很多时候，客观事物的改变只是由于自身心境的变迁，心中有快乐，所见皆快乐，若以宁静而无杂念的心去看世界，虽然它并没有变样，你却能享受到那份平淡中的永恒。这时你再回头站在局外看这不过短短几十年的人生，会发现它只是宇宙的一次呼吸而已，那些凡尘琐事真如过眼云烟般不值一提。有如此豁达的心境为伴，看问题便高人一筹，因此会少很多口舌之争、劳神之苦。

一个青年苦于现实生活的艰辛，情绪非常低落，于是便到庙里走一走。到了寺院，但见寺庙里香客不断，檀香馥郁。再看香客们的脸，一张张都布满坦然、从容、镇定。他有些迷惑：莫非佛门真乃净地，果真能净化众生的心灵？流连寺院中，但见一位在枯树下潜心打坐的佛门老者，那入迷之态止住了他的脚步。走近细看，老者那慈祥平和的神态强烈地震撼了他——原来一个人能超然物外地活着是这么美好！

他悄然坐在了老者身边，请求老者开示。他向老者谈了他心中的苦痛，然后问："为什么现代人之间钩心斗角，纷争不已？"老者拈须而笑，铿锵而悠长地说："我送你一句佛语——爱出者爱返，福往者福来！"青年幡然醒悟！听佛门一偈语，胜读十年书啊。

爱出者，才能爱返；福往者，方能福来。如果芸芸众生都能明白这个道理，这个世界岂不成了人间净土，又何来那么多失意、忧烦、痛苦呢？

诚然，这个世界我们无力改变，但心是我们自己的。心境不同，看物与景的感觉就不同，焦躁疑虑的人看到的是毫无生命光泽的枯草，志定心安的人方可见云卷又云舒。

一个人在社会中生活，若淡泊名利，便可以真正明确自己的志向；若心无旁骛地投入你钟爱的事业中，便可以实现远大的目标。为世俗名利所困扰，就算成功了，得到的也只是物质丰裕的快感，缺少"闲居无事可评论，一炷清香自得闻"的悠然。

拉尔夫是一位国际著名的登山家，他曾经在没有携带氧气设备的情况下，成功地征服了多座高峰，这其中还包括世界第二高峰——乔戈里峰。其实，许多登山高手都以不带氧气瓶而能登上乔戈里峰为终极挑战。但是，几乎所有的登山好手来到海拔6500米处，就无法继续前进了，因为这里的空气非常稀薄，几乎令人窒息。因此，对登山者来说，想靠自己的体力和意志，独立征服8611米的乔戈里峰，确实是一项极为严峻的考验。

拉尔夫做到了。他在事后举行的记者招待会上，说出了这一段历险的过程。拉尔夫说，在突破海拔6500米的登山过程中，最大的障碍是心里各种翻腾的欲念。在攀爬的过程中，任何一个小小的杂念，都会瓦解人的意志，让人转而渴望吸氧，慢慢地失去冲劲与动力，而“缺氧”的念头也会产生，最终放弃征服的决心，不得不接受失败。

拉尔夫说：“想要登上峰顶，你必须学会清除杂念，脑子里杂念越少，你的需氧量就越少；你的欲念越多，你对氧气的需求便会越多。所以，在空气极度稀薄的情况下，想要登上顶峰，你就必须排除一切欲望和杂念！”

排除一切欲望和杂念，保持身心安定、清净、祥和。身心清净，没有欲望和杂念的干扰，能量的消耗就会降到最低。这就是拉尔夫成功的秘密。

淡泊是一种心态，一种胸怀；宁静是一种境界，一种品格。但凡真正淡泊宁静之人，皆能摒弃个人得失。能做到此点实属不易。有远大的理想又乐于奉献的人，若有宁静与淡泊一路相伴，他的生命必然充实稳健。

常怀平常心，让人生真实而快乐

生活和工作中，很多人并不是被自己的能力不足打败，而是败给自己无法掌控的坏情绪。人生不如意之事十之八九，在现实工作中的激烈竞争形势与强烈成功欲望的双重压力下，许多人往往会出现焦虑、急躁、慌乱、失落、颓废、茫然等困扰工作的坏情绪，这些情绪一旦同时发作，常常会让人无所适从，不能准确进行自身定位，从而大大地影响了个人能力的发挥，使自己的工作效率大打折扣，生活也因此变得混乱不堪。古人云“淡泊以明志，宁静以致远”，我们只要能够远离浮躁，沉住气，常怀一颗平常心，就能够超越自己，成为一名工作高效、生活平静的人。

有人问慧海禅师："禅师，你可有什么与众不同的地方吗？"

慧海禅师答道："有！"

"那是什么？"这个人问道。

慧海禅师回答："饿了我就吃饭，累了我就睡觉。"

"每个人都是这样的，有什么区别呢？"这个人不能理解。

慧海禅师说："他们吃饭、睡觉的时候总是想着别的事情，不专心吃饭、睡觉。而我吃饭就是吃饭，睡觉就是睡觉，什么也不想，所以饭吃得香，觉睡得安稳。这就是我与众不同的地方。"

慧海禅师继续说道："世人很难做到一心一用，他们总是在权衡各种利害得失，产生了'种种思量'和'千般妄想'。他们在生命的表层停留不前，因此迷失了自己，丧失了'平常心'。要知道，只有将心融入世界，用平常心感受生命，才能找到生命的真谛。"

在禅宗看来，一个人能明心见性，抛开杂念，将功名利禄看穿，将胜负成败看透，将毁誉得失看破，就能达到时时无碍、处处自在的境界，从而进入平常的世界。

所谓平常心，就是能正确对待成功与失败。成功了，不骄傲自满，不狂妄自大；失败了，也能平静地接受。生活中没有常胜将军，任何一个渴望成功的人，都应该平静地接受生活给予的各种磨难和挫折。

随着城市生活的节奏加快，来自社会各方面的压力、竞争等也越来越多，摆正心态是时下最受关注的心理课题。心平常，自非凡，心态就是战斗力，越是艰难越要沉得住气，保持从容不迫的心态。在奥运会上夺得金牌的运动员，接受媒体采访时，说得最多的一句话就是"保持平常心"，而在日常生活和工作中更应该如此。

张薇大学毕业后求职受挫，最后终于在一家小公司里谋得一份业务员的职位。尽管这份工作与她名牌大学的学历不符，但她并不计较，因为她懂得，一个人只有让自己的心灵回归到零，保持一颗平常心，学会忍耐，才能在社会上立足，才会取得事业的发展。面对刁钻的同事和无理取闹的客户，她时刻提醒自己：我是在学习，我要坚持。她咬紧牙关，忍受着各方面的压力，在一次次的挫折中总结经验、积攒力量。两年后，凭借出色的业务能力、踏实的态度和坚韧的品格，她成为该公司的业务经理。

生活中，这种不计较得失、不苛求回报的平常心是非常重要的。无论面对成功或失败，都必须保持一种健康平常的心态。

保持一颗平常心，并不是放弃进取心、成功心，而是通过平常心，使进取心、成功心得到升华。保持平常心，实质是让外在的世界和内心保持平衡，便悲、欢、离、合皆能内敛，人就会少些焦虑、浮躁，多一份安适和恬静，心似一泓碧水，清澈明亮，继而胸襟为之开阔。而这，才是真实而快乐的人生。

从容是如何炼成的

南怀瑾先生曾提到过庄子“心兵不动”的说法，他化用庄子的话，将“心、意、识”自讼的状态叫作“心兵”，就是说，在人的意识和心中，随时都在“内战”，时时都有理性和情绪上的斗争，随时都在自己和自己较劲。这个时候，如果能够按住“心兵不动”，自心的天下就太平了。一个人若能按住“心兵不动”，不仅可以取得内心平静，而且还能无往不胜。

铃木大拙是日本现代著名的禅学思想家，他曾讲到这样一则故事：

故事的主人公是日本江户时期的一位著名茶师，这位茶师跟随身份显赫的主人到京都办事。当时的社会治安很乱，处处都有浪人、武士恃强凌弱。这位茶师因为不懂武艺，所以很害怕地对自己的主人说：“我不会武艺，万一路上遇到武士怎么办？”

主人对茶师说：“那你就挎上一把剑，扮成武士的样子吧。”

茶师只好听从主人的安排，一同前往京都。

果然不出所料，当主人办事时，一名武士向茶师挑衅：“你也是武士，那咱俩比比剑吧！”

茶师惶恐地回答道：“对不起，我不能和你比试。我不懂武功，只是个茶师。”

武士见他不会武功，更加盛气凌人地说道：“你不是武士而穿着武士的衣服，就是有辱尊严，更应该死在我的剑下！”

茶师无法躲过去，只好说：“你给我几小时，等我完成主人的任务，今天下午我们在池塘边见，到时再一决胜负。”

武士答应了。

于是，这个茶师直奔京都最著名的大武馆，向大武师求救：“求您教给我一种作为武士的最体面的死法吧！”

大武师十分吃惊地看着这名茶师说道：“来我这儿的所有人都是为了求生，你是第一个求死的。这是为什么？”

茶师就把和武士比武的事情向大武师说了一遍，继续诚恳地问道：“我只会泡茶，但是今天不能不跟人家决斗。求您教我一个办法，我只想死得有尊严一点。”

大武师对茶师说：“那好吧，你就为我泡一遍茶，然后我再告诉你办法。”

茶师觉得很伤心，他抱着必死的决心，给大武师泡茶。这是他在世界上最后一次泡茶了，因此，他做得很用心。慢慢地看着山泉水在小炉上烧开，然后把茶叶放进去，洗茶，滤茶，再一点一点地把茶倒出来，捧给大武师。

大武师紧紧地盯着他泡茶的整个过程，他品了一口茶说：“这是我有生以来喝到的最好的茶了，我可以告诉你，你已经不必死了。”

茶师惊奇地问：“为什么，您要教给我什么吗？”

大武师说：“我不用教你，你只要记住怎样泡茶，就怎样对付那个武士就行了。”

茶师听后，就去赴约了。那个武士早已在那儿等他了，一见到茶师，就立刻拔出剑来说：“你既然来了，我们就开始吧！”

茶师一言不发。他想着大武师的话，以泡茶的心面对这个武士。

只见他微笑着看定了对方，然后从容地把帽子取下来，端端正正放在旁边；再解开宽松的外衣，一点一点叠好，放在帽子下面；又拿出绑带，把里面衣服的袖口扎紧；然后把裤腿扎紧……他从头到脚不慌不忙地整理自己的着装。

对面这个武士越看越紧张，越看越恍惚，因为他猜不出对手的武功究竟有多深。对方的眼神和笑容让他越来越心虚。等到茶师全都装束停当，最后一个动作就是拔出剑来，把剑挥向了半空，然后停在了那里，因为他也不知道再往下该怎么做了。

这时武士忽然"扑通"地跪下，说："求您饶命，您是我这辈子见过的武功最高的人。"

茶师并不懂武功，也未出一招一式，而武士竟主动弃械投降。茶师究竟胜在何处呢？其实，就胜在心灵的勇敢，胜在那种从容、笃定的气势。内心平和的人是不可战胜的。如果遇到险境和棘手的事情，我们能够像茶师一样，保持内心的平静，自然就可以无所畏惧、无往不胜。相反，如果一味地浮躁慌乱，只能像那个武士一样不战而败。

从容是如何炼成的？冯仑在《伟大是熬出来的》一书中说过，从容是建立在对未来有预期，对所有的结果和逻辑很清楚的基础上的。你只要对内心、对事物的规律有把握，就能变得很从容。要做到对未来、未知的掌握，除了必要的知识面跟眼光外，还必须有坚韧不拔之志。面对内心的交战，我们要沉住气，用喜悦、和平、希望、宁静之心代替贪婪、恐惧、傲慢之心，如此才能时刻保持宁静从容。

心非静不能明，性非静不能养

古语云，"心非静不能明，性非静不能养，静字功夫大矣哉"。意思是说，要认识自己，必须先静下心来，以静思反省来使自己尽善尽美。只有这样，才能明白自己的心性和本质，才能顺着自己的心性谋取发展。

人生就是一场不可以推倒重来的直播，尽管许多抉择与行为会在朝夕之间让人感到后悔不迭，但却难有推倒重来的机会。而以静观动正是一个弥补遗憾、积累经验的好办法。只有这样，人才能以理性的态度追求更好的生存状态，把命运的主动权紧紧地握在自己手中。

40岁那年，时任人事经理的欧文被提升为总经理。三年后，他自动“开除”自己，舍弃“总经理”的头衔，改任没有实权的顾问。

正值人生巅峰的阶段，欧文却急流勇退，他说：“我不是退休，而是转进。”

“总经理”三个字对多数人而言，代表着财富、地位，是事业、身份的象征。然而，短短三年的总经理生涯，令欧文感触最多的却是诸多的“无可奈何”与“不得而为”。这令欧文很郁闷，也迫使他静下心来，全面地反思自己。

静下心来，欧文意识到，他的工作确实让他过得很光鲜，周围想巴结他的人更是不在少数。然而，这些除了让他每天疲于奔命，穷于应付之外，其实并没有让他活得开心。这个想法，促使他决定辞职，“要做自己喜欢做的事情，做你自己，才能更轻松自在。”他说。

辞职以后，司机、车子一并还给公司，应酬也减到最少。不当总经理的欧文，感觉时间突然多了起来，他用大半的精力去写作，总结自己在广告领域多年的观察心得。

“人只有静下来，从容起来，才会发现自己可以走更好的路。”他笃定地说。

事实上，欧文在写作上很有天分，而且多年的职场经历给他积累了大量素材。后来，欧文成了某知名杂志的专栏作家，期间还完成了两部管理学著作，欧文迎来了他人生的第二个辉煌期。

欧文并没有因眼前的成功而迷失自己，相反，他直面自己内心的渴望，及时地认清了自己，静下心来，挖掘自己的潜力，找到了一条更适合自己发展的道路。

内心的平静是人生的珍宝，它和智慧一样珍贵。能够静心，才能够有健康，有成就。拥有一颗宁静心的人，比那些茫然无措的人更容易找准前进的方向，获得生命的真谛。

小林在大学毕业后，走上了艰辛的求职之路。他卖过旧书，打过零工，做过销售，曾经一度迷失了方向，不知道自己该做什么。一转眼，小林毕业已经三年了，还是不知道自己该干些什么。无奈之下，他打算考研，却又不知道该考什么专业。

一次偶然的机会，他参加了区就业局举办的创业培训班。在听了培训老师的课后，他静下心来，打算利用自己的专长，办一家科技公司，专门从事软件开发。他终于找到了自己的位置，并能在这个位置上创造出价值。经过努力，小林的公司拥有了20多名员工，订单源源不断，公司规模逐步扩大，事业蒸蒸日上。

要达成人生的愿望，就要像参加培训后的小林一样，沉住气，静下心，根据自己的特点，发挥自己的专长、优势，客观地设计人生，才能拥有成功。

在忙碌的工作生活之余，我们应该给自己一些独处的时间，静静地反思一下自己的人生。对自身多一些关照和内省，有助于我们获得内心的宁静与和谐。常常静思可以让我们更深入地了解自己的思想。当然，这并不意味着你要因此离群索居。静思并没有时间和地点的要求，你要做的只是经常想一想自己在做什么？为了什么？价值何在？这种静思可以让你跳出成堆的文件和应酬，摆脱繁忙的工作和名利的困扰，达到身心一如的和谐境界。

剪除心灵深处那些让人不安的欲望

在现代化的繁华世界里，奢侈的生活方式总是被人津津乐道，很多人认为开着奔驰或宝马、坐拥千万元资产是人生最大的幸福。但是，当我们拼命追逐和享有越来越奢侈的物质资源的同时，是否发现自己已经深陷欲望之网中，我们变得越来越焦虑，越来越不容易满足，越来越不快乐。而这些负面的情绪，竟又在不知不觉中，一点点吞噬我们的精力，使我们患得患失，不堪重负。

一天，一位富翁路过某地时，汽车抛锚，他在司机修车的时候进入寺院，住持接待了他。喝完茶之后，住持陪富翁散步。富翁向住持请教了一个问题："人怎样才能清除自己的欲望？"

住持微微一笑，拿了一把剪刀给他："只要你能经常反复修剪这些树，你的欲望就会消除。"

富翁果真开始修剪路旁的灌木，一炷香的时间过去了，住持问他感觉如何。富翁笑笑说："感觉身体倒是舒展轻松了许多，可是平日堵在心头的那些欲望好像并没有放下。"

住持说："经常修剪就好了。"

之后，富翁每隔一段时间就来寺院修剪灌木，直至把灌木修剪成了一只大鸟的形状。住持问他："现在你是否懂得如何消除欲望了？"富翁面带愧色地回答说："可能是我太愚钝，虽然每次修剪的时候都能气定神闲、了无挂碍，但是回到我的生活圈子之后，我的欲望依然会不断膨胀。"

住持对他说："施主，其实我建议你来修剪灌木只是希望你每次修剪前，都能发现原来剪去的部分又会重新长出来。这就像我们的欲望，不可能完全把它消除，我们能做的，就是尽力把它修剪得更美观。放任欲望，它就会像这满坡疯长的灌木一样丑恶不堪。只有经常修剪，才能使它成为一道悦目的风景。对于名利，只要取之有道，用之有度，利己惠人，它就不应该被看作心灵的枷锁。"

富翁大悟。此后，越来越多的香客开始来到这里修剪"欲望"，寺院周围的那些灌木也越来越美丽。

欲望如树，合适的欲望是合理的，但是对于诸如名欲、利欲、色欲、权欲等歪枝斜杈，需要我们用智慧的剪刀把它们一一修剪。剪去狂躁，才能沉住气，冷静处世；剪去虚浮，才会脚踏实地地安心工作；剪去过多的贪欲，才能得到灵魂的自由；剪去猥琐，才能走向高尚，让别人尊重自己……剪去这些杂乱的枝杈，才能真正沉下心来，拥有一颗"看庭前花开花落，望天上云卷云舒”的平常心。心态平和静如云，轻看名利淡如菊，正直为人挺如竹，笑对坎坷韧如藤，坚韧而乐观地生活着，豁达而愉快地工作着。

很多年前，吴淡如到了老挝，经过一个人烟稀少、开满莲花的小湖边时，她看到了一幅令她终生难忘的景象：6个穷人家的孩子正兴致高昂地光着身子，很有节拍地在小湖中划船，而那只船只是简陋的竹筏子。

这些穷人家的孩子们没有玩具熊，也没有网络游戏，他们甚至没有一件好衣服，可是他们的笑容那么灿烂、那么自然、那么纯净，这对于我们来说，是否已经是一个很遥远的记忆？我们是否发现自己在物质化的石头森林里已经迷失了很久？当我们淹没于现代的浮华与奢侈中时，我们的生活逐渐变得冗繁复杂、疲惫不堪。为什么不简朴一点、简单一点，给整日工作操劳、精力透支的身心一个休整的空间呢？

欲望过多的结果只会是无穷尽的烦恼和麻烦。当你觉得生活不堪重负时，不妨“卸载”那些既占空间又无用的“欲望”，把自己从欲念的无底深渊中解放出来，从而以更轻松的心态迎接人生的挑战，活得快乐、潇洒自如。

行事自如，“静”界决定境界

“非宁静而无以致远。”诸葛武侯如是说。静是什么？是泰山崩于前而色不变，是大胸襟，也是大觉悟。非丝非竹而自恬愉，非烟非茗而自清芬。

现代人品味过生活的紧张与焦灼，已很难品味到静的清芬与恬愉，可是浮躁往往带来麻烦。因此，与其让浮躁影响我们正常的思维，不如放开胸怀，静下心来，默享生活的原味。

《史记·殷本纪》中有一个武丁三年不言的故事。

据记载，“帝武丁即位，思复兴殷，而未得其佐。三年不言，政事决定于冢宰，以观国风”。武丁是盘庚之弟小乙之子，即盘庚之侄。武丁即位之后，思考复兴殷国大计，但并没有得到什么好的方法，于是就决定三年不说话，让冢宰（又称太宰，官名）决定政事，自己走访民间，以观国情。武丁三年不语，但凭他的威望和在诸侯中的影响力，凭大家对他有勇有谋的了解，谁都不敢有越轨的行为。

武丁在这三年里默以思道，观察人事，思考怎样平息王室之争、用人之道，以及怎样使诸侯各国尽早归顺。三年后，武丁成功实施了他的治国方略。

静能生慧，武丁之所以能够完成自己的兴国大业，就是在于他能够守静。因此才得以静观人事，运筹帷幄。“静”不仅是智慧之根，也是养身之本。只要我们能够在工作中和生活中经常保持心清静、意清静，智慧即会随时涌现，同时也能够获得身心上的平衡。

“静”是一个人取得成功的要诀。一个人只有心中宁静，才能把握机遇，获得成功。许海峰是我国第一枚奥运金牌的获得者，他的成功就得益于“静”能力的发挥。

1984年7月27日，许海峰参加了第23届奥运会男子自选手枪慢射项目的预赛。他发挥得很好，以563环的好成绩名列榜首，成为自选手枪慢射项目金牌最有力的竞争者。但是他没有被暂时的领先冲昏头脑，而是认真总结了自己在比赛中的不足：刚开始打得太紧张，所以打到后面的时候，手上的力量不够了。和教练交流了对策以后，他才心满意足地回房睡觉。

7月29日是奥运会的第一天，许海峰参加的手枪慢射比赛将决出本届奥运会的第一枚金牌。刚开始，许海峰打得很轻松，打完第五组以后，他已经领先了。当他镇定自若地准备打最后一组时，赛场的气氛发生了巨大的变化。本来围在前奥运会自选手枪慢射项目冠军旁边的记者们觉得许海峰能够获得金牌，纷纷走到他的身后为他拍照。说话声、脚步声和按快门的声音严重影响了许海峰的正常发挥，工作人员多次制止他们，可是收效甚微。在嘈杂声中，许海峰竟然连打了两个8环。这下许海峰着急了，心想：

“不管能不能拿到金牌，我一定要好好发挥，决不让这最后的3枪变成终生的遗憾。”于是，他放下枪，找了一个离记者较远的座位坐下来。他一边闭目养神，一边回想李培林教练给他定下来的“八字方针”：冷静、自主、调整、协调。他觉得自己刚才没发挥好，就是因为嘈杂的环境扰乱了他平静的心情，直接导致了动作的协调性下降。

怎样才能让赛场恢复安静呢？许海峰想到了一个好办法。只见他走到靶位上，举起了枪，可是人们还没有听到枪响，他就把拿枪的手放下来了。第二次他举起枪又很快放下来，第三次、第四次还是这样。果然如他所料，大家都紧张得说不出话来，整个赛场终于安静了。许海峰很快进入了最佳状态，连打3枪以后，现场记录显示：一个9环，两个10环。历经周折，许海峰终于以566环的成绩，成为手枪慢射项目的冠军。中国人有了自己的奥运会金牌，这一“零”的突破被光荣地载入了史册。

从许海峰的故事中，我们可以看出，比赛中参赛选手不仅要具备高超的技术，敢于拼搏的精神，还需要沉着冷静的心理素质。冷静使人清醒，冷静使人聪慧，冷静使人理智。遇事冷静的人，时时刻刻都能控制住自己的情绪，绝不会因为任务繁重而急于求成，也不会因为压力而浮躁不安。

冷静是一个人成熟的标志，当我们面对生活中的种种挑战时，一定要保持冷静沉稳的心理状态，在关键时刻用自己的胆略、勇气和镇静的气度勇敢面对。浮躁之人无法发挥思考的力量，当然也无法有效地克服困难和解决问题。一个人只有心无杂念地将智慧、灵感全部调动起来，才能有所创造、有所成就。

慢慢来，一切都来得及

当今社会，速度已经深入人心，“快”成了大家默认的办事准则。看机器上一件件飞一般传递着的产品，看办公室一族打电话时那种无人能及的语速……悠闲的生活方式已模糊得看不见。大家似乎都变成了在“快咒”控制下的小人儿，连松口气的时间好像都没有了。看得见的、看不见的规则约束着我们，有形的、无形的鞭子驱策着我们，我们马不停蹄地追求事业、爱情、地位、财富，似乎自己慢一拍，就会被这个世界抛弃。

“当我们正在为生活疲于奔命的时候，生活已离我们而去。”英国歌手约翰·列侬的话无疑是对现代人快节奏生活的精准反思。确实，在快节奏的生活里，我们一直在马不停蹄地赶路，也在马不停蹄地错过。

这是为什么呢？

答案其实很简单：因为太追求结果了。人生最重要的是过程，只盯着目标，自然会忽略过程中的美景。

从前有座山，山上有座庙，庙里有个小和尚。这一天，小和尚被派下山去买菜油。出发之前，主管厨房事务的大师兄交给他一个大碗，严肃地叮嘱他说：“你一定要小心，绝对不可以把油洒出来。”

小和尚买完油，在上山回庙的路上，他想到大师兄严肃的表情及郑重的告诫，越想越紧张，于是小心翼翼地捧着装满油的碗，丝毫不敢松懈。然而天不遂人愿，快到庙门口时，他在上台阶的时候一不留神，洒掉了三分之一的油。

小和尚懊恼至极，自然也挨了大师兄一顿教训。正当他暗自失落的时候，了解真相的师父过来对他说：“我再派你去买一次油。这次我要你在回来的路上，多看看沿途的风景，回来要把美景描述给我听。”

小和尚很听话，又下山去买油。回来的路上，小和尚听从师父的嘱咐，观察起沿途的风景，他越看越高兴，因为他此前都不知道，山路上的风景竟是如此美丽：层峦叠嶂的山峰，郁郁葱葱的稻田，忙碌的农夫，玩耍的小孩子，还有鸟语花香，轻风拂面……在美景的陪伴中，小和尚不知不觉就回到了庙里。当小和尚把油交给大师兄时，发现碗里的油装得满满的，一点都没有损失。

师父的建议充满了智慧，他让小和尚的心态放松，静下心来，找到了失落的美丽，事情的结果反而更好。这就像登山，爬得快虽然很快就可以登上顶峰，但是也错过了沿途多变的风景。

小和尚的故事也启示我们：工作仅仅是生活的一小部分，千万不要忽略了其他乐趣。人的一生总有做不完的事情，我们只有拥有一个平和之心，才不会错过沿途风景和藏在角落里的机会。

如果人们因为忙碌而忽略美好的生活，如果人们太执着于某一点的得失，又如何能够掌控自己的人生？又怎能把握住生活给予的机会呢？

古语云，“万物静观皆自得，人生宁静方致远”。快节奏的生活下，需要我们沉住气，慢慢赶路，才能享受生活。

也许你会问，在竞争如此激烈的年代，哪儿有资本慢下来？其实不然。慢生活并非让你放弃自我、无所事事，它与物质的富有程度也没有多大关系，慢生活中的“慢”更多的是一种健康的心态，一种积极的生活态度。对我们普通人来说，每一天都是当“慢人”的好时候，只要你运用得当，做个有品位、有资本的“慢人”绝不是什么难事，更不是坏事。

第二章

树立积极心向，用信念熬成伟大

宋代大文豪苏东坡说过，“古之成大事者，不唯有超世之才，亦必有坚韧不拔之志”。这坚韧不拔之志中就有沉住气，埋头去做，不放弃、不认输的进取精神。沉得住气，波澜不惊中蕴藏着勇猛精进的态度，低调平实中包含着积极进取的决心。无论何时，沉得住气都是我们通往成功的必备条件。

伟大是熬出来的

伟大究竟是怎样成就的？伟大的力量究竟源自哪里？

冯仑在《野蛮生长》一书中说过，决定伟大的有两个最根本的力量，时间就是其中之一。时间的长短决定着事情或人的价值，决定着能否成为伟大。所以当你要做一件伟大的事情时，首先要考虑你准备花多少时间。

用时间熬成伟大，是所有成就事业者遵循的原则之一。它以踏实、厚重、沉思的姿态为特征，以一种严谨、严肃、严峻的表象，追求着人生的目标。

人一生中际遇不会相同，伟大的标准也不会相同，但只要你踏踏实实过好每一天，不断充实、完善自己，就能很好地把握机遇，成就伟大。有“马班邮路上的忠诚信使”称号的王顺友就是这样一个踏踏实实“熬”过每一天的人。

王顺友，四川省凉山彝族自治州木里藏族自治县邮政局投递员，是全国劳模、2007年全国道德模范获得者。当时，媒体这样报道他的事迹：20年来，他一直从事着一个人、一匹马、一条路的艰苦而平凡的乡邮工作。邮路往返里程360公里，月投递两班，一个班期为14天。22年来，他送邮行程达26万多公里，相当于走了21次二万五千里长征，围绕地球转了6圈！

王顺友担负的马班邮路，山高路险，气候恶劣，一天要经过几个气候带。他经常露宿荒山岩洞、乱石丛林，经历了被野兽袭击、意外受伤乃至肠子被骡马踢破等艰难困苦。他常年奔波在漫漫邮路上，一年中有330天左右的时间在大山中度过。

为了排遣邮路上的寂寞，娱乐身心，他自编自唱山歌，其间不乏精品，像“为人民服务不算苦，再苦再累都幸福”等。为了能把信件及时送到群众手中，他宁愿在风雨中多走山路，改道绕行以方便沿途群众。而且还热心为农民群众传递科技信息、致富信息，购买优良种子。为了给群众捎去生产生活用品，王顺友甘愿绕路、贴钱，得到群众交口称赞。

20年来，王顺友没有延误过一个班期，也没有丢失过一个邮件、一份报刊，投递准确率达到100%，为中国邮政的普遍服务做出了最好的诠释。

很多人以为王顺友的日子太苦太难熬，然而，熬过了这样难熬的日子，王顺友创造了令人震惊的伟大纪录。我们每一个人，只有先经历“熬”的过程，才能真正体会到“伟大”的境界。

“熬”是一种难得的品质，不是与生俱来，也不是一成不变，它需要长期的艰苦磨炼和自我完善。“熬”是一种有价值、有意义的积累，一个人的生活中总会有这样那样的挫折，会有这样那样的际遇，然而如果你有一颗能“熬”的心，用心去对待、去守望，伟大就会属于你。

自律方能有条不紊

有些人说创业伟大，因为他能领导别人。这其实是一种想当然的错误理解，真正的伟大不是领导别人，而是管理自己。所谓管理自己其实就是自律，这是人的一种重要品质，而往往总是被人忽略。

一个人要想担负起责任，没有自律是不行的；一个人如果想很好地为自己的团队服务，也必须具备这样的品质。它是一个优秀人才必备的素质，也是任何人都希望具有的能力。

原通用电气董事长兼CEO杰克·韦尔奇认为，一名优秀的职员应该具备出色的自制能力，一个连自己都管理不了的人，是无法胜任任何职位的，也不可能成为一名好职员。

一名初入歌坛的歌手，满怀信心地把自制的录音带寄给某位知名制作人。之后，他就日夜期待制作人的回音。

第一天，他因为满怀期望，所以情绪极好，逢人就大谈抱负。第十七天，他因为情况不明，所以情绪起伏，胡乱骂人。第三十七天，他因为前程未卜，情绪低落，闷不吭声。第五十七天，他因为期望落空，情绪很坏，拿起电话就骂人。没想到电话正是那位知名制作人打来的。他为此断送了前程。

覆水难收，徒悔无益。我们在为这名歌手深深惋惜的同时，也更深刻地明白了缺乏自制力带来的严重后果。

对于自制自律的问题，诙谐作家杰克森·布朗曾经有过一个有趣的比喻：缺少了自我管理的才华，就好像穿上溜冰鞋的八爪鱼，看起来动作不断却搞不清楚到底是往前、往后，还是原地打转。如果你有几分才华，自以为付出的努力也很多，却始终无法获得应有的成就，那么，你很可能缺少自我约束的能力。

曾经有一位立下赫赫战功的美国上将，有一次他去参加一个朋友孩子的洗礼，孩子的母亲请他说几句话，以作为孩子漫长人生征途中的准则。将军把自己历经苦难，以及最终荣获崇高地位的经历，归纳成一句极简短的话："教他懂得如何自制！"

生活中，大多数人很难在开始的时候就具备出色的自律能力，往往是经历了他律、协助性自我管理之后，才能实现真正意义上的自我管理。

当你意识到自制自律的重要性，并在日常生活中加以实施，那么你会发现，你的生活习惯与工作习惯都会变得更加正向。

磨砺是人生最大的享受

成功来自坚持，功夫全在磨砺。"磨"不是怯懦地忍耐，而是为了实现目标而采取的手段。

在追求成功的道路上，很多人天赋异禀，但因为没有毅力，很难到达胜利的终点。而一些资质平平的人，却可以凭借恒心，点滴积累，获得成功。正所谓：十年磨一剑，功夫全在磨。愿意坚持的人笑到最后，耐跑的马脱颖而出。

2006年，一部名叫《明朝那些事儿》的历史小说声名鹊起，受到千万读者的热烈追捧。小说的作者“当年明月”文笔才气横溢、嬉笑怒骂皆成文章。殊不知，在现实生活中，“当年明月”却是一个毫不起眼、有点木讷内向的小伙子。

“当年明月”本名石悦，1979年出生在一个平凡的家庭，他性格内向，成绩中等，没有任何特长，从小到大，一直被身边的人视为资质平庸、将来不可能有多大出息的男孩。石悦唯一有点与众不同的，就是对历史的痴迷。小时候，别的男孩子都喜欢变形金刚、武侠小说，石悦却对《上下五千年》等历史故事书籍情有独钟，百看不厌。进入大学，许多同学忙着谈恋爱、沉溺于各种网络游戏中，石悦仍然将自己的课余时间全都交给了史书。

大学毕业后，石悦考取了公务员。工作之余，石悦不抽烟、不喝酒、不打麻将、不泡吧，也不爱交朋友，他依旧躲进史书中与各朝各代的历史人物交友为伴。石悦成了众人眼中的异类，甚至大家觉得他有点孤僻。

直到有一天，一本名叫《明朝那些事儿》的历史小说在天涯论坛、新浪网站连连收获好评，很多出版商赶到石悦的单位争相要和他签订出版合约时，同事们才知道，这个平时毫不起眼、有点木讷内向的小伙子就是当前网络中大名鼎鼎的当红作者“当年明月”。

后来，有媒体记者向石悦讨取成功经验时，他调侃地说道：“比我有才华的人，没有我努力；比我努力的人，没有我有才华；既比我有才华，又比我努力的人，没有我能熬！”

石悦的成功确实是熬出来的，正因为他十年如一日地耐得住寂寞，沉醉于历史的海洋中，才会换来今天的辉煌成就。石悦从忍受煎熬到享受煎熬的过程，完成了一个成大事者历经磨砺，进而蜕变腾飞的华美转身。

人生本身就是修炼的过程，那些成功的人之所以能成功，并不是因为他们有与生俱来的天分，而是因为他们有志气，更重要的是能够调整自己的心态，在沉寂中磨炼身心。

所谓“磨”，就是要磨炼心性，拥有聚精会神做一件事的耐心和态度。无论何时，遇到怎样的困难，成功者都能为了实现某种目标而努力磨砺自己。

狭隘心影响了我们的能力

在现实生活中，普遍存在着这样一种人，他们在工作中取得了一点成绩后，便骄傲自满起来，认为不需要再努力了。然而，船到江心，不进则退，这样不思进取，其结果可想而知。

纳迪亚·科马内奇是第二个在奥运会上赢得满分的体操选手，她在1976年蒙特利尔奥运会上的完美表现，令全世界瞩目。

有一次在接受记者采访时，当纳迪亚·科马内奇被问到她为何会有如此完美的表现时，说：“我总是告诉自己‘我能够做得更好’，不断鞭策自己更上一层楼。要想拿下奥运金牌，你就要比其他人更努力才行。对我而言，普通人的生活会很无聊，一点儿意思也没有。我的人生哲学是‘别指望一帆风顺的生命历程，而应该期盼成为坚强的人’。”这就是她为自己设定的标准。

对于像纳迪亚·科马内奇这样渴望成功的人而言，是无法接受低标准的，他们会努力达到更高的标准。

美国富兰克林人寿保险公司前总经理贝克曾经这样告诫他的员工：“我劝你们要永不满足。这个不满足的含义是指上进心的不满足，这个不满足在世界的历史中已经带来了很多真正的进步和改革。我希望你们绝不要满足，我希望你们永远迫切地感到不仅需要改进和提高你们自己，而且需要改进和提高你们周围的世界。”

这样的告诫对于我们每一个人都是必要的。不思进取的人不但不能发展，还会在日益激烈的社会竞争中被淘汰。只有那些沉住气，不断学习，适应形势的人才能够在社会中长久地生存。一个和自己较劲的人，就会拥有持续不断的动力，凭借这样的动力，才能够不断提升自己，全力以赴将事情做到最好，也为改变自己的命运提供更多的机会。

在人类航海史上，哥伦布靠着超越的信念和勇气，书写了光辉的一页。在他每一天的航海日记上都会出现这样一句话：我们继续前行！

是的，人生就是一个不断攀登、不断超越的过程，只有不断地超越自己，才能成功。韦尔奇说："要么做行业第一，要么做行业第二，达不到就不要去做。"人的追求在哪儿，他的人生也就在哪儿，追求永无止境，你的成就也就永无止境，一旦失去积极进取的精神，人生就会局限在一个小圈子里，难以再有突破。

"没有最好，只有更好"，不管你从事什么行业，不管你有什么样的技能，你仍然应该不断激励自己"不断刷新我的业绩，我的位置应在更高处"。只有永远进取的人才能在事业上获得一个又一个成功。

为目标而坚守，成功不再遥远

在追求梦想的道路上，要时刻提醒自己：只有坚持不懈，梦想才不再遥远。

坚持就是胜利，所有人都懂得这个道理，但是要真正做到并不容易。始终记着心中的目标，坚持就不再是盲目的举动。古人云"不积跬步无以至千里，不积小流无以成江海"，坚持不懈地努力，最终会换来丰硕的果实。

1882年，26岁的考拉尔来到英国斯特林镇的一所学校当教师。他非常热爱读书，有一次，他想在学校附近买几本书，结果却发现整个斯特林镇都找不到一家书店。

考拉尔想："为什么我不能自己开一家书店呢？这样，我能够在赚钱的同时，读到自己喜欢的书。”想到这里，考拉尔开始了开书店的准备工作。

经过一番忙碌，一家名叫“思想者”的书店正式开张营业了。

可是，书店的生意并不好，因为镇上的人没有读书的习惯。一连几个月书店基本上门可罗雀。考拉尔想：“生意刚开始时都是难做的，只要我能够坚持到底，迟早会做起来的。即便真的做不起来，我就当这些书是自己的藏书好了。”

就这样，考拉尔在困境中坚持了下来。

可是，书店的生意越来越差。幸好考拉尔和妻子都有一份稳定的工作，他们将自己的收入几乎全补贴在了书店上，可依然入不敷出。身边的朋友们都劝考拉尔干脆把书店关了算了，既然赔钱，为什么还要开下去。这个时候，考拉尔的思想已经发生了转变，他由最初的单纯经营转变成为弘扬文化而经营。他坚定地说：“对于一个城市来说，书店是其文明的象征，它能够带给人们知识和力量。不管书店生意如何，我都决定坚持下去。”

此后，即使遇到了金融危机，遭遇了两次世界大战，考拉尔的书店依旧照常营业。当初的斯特林镇也变成了斯特林市。

1948年，92岁高龄的考拉尔走到了生命的尽头。临终前，考拉尔告诉自己的子孙，以后不管时代如何变迁，书店都要一直开下去。

2004年，斯特林市参加了全球50个文明城市的竞选，在激烈的竞争中，斯特林市得分落后，眼看就要落选了。这时，有人向市长提到存在了上百年的“思想者”书店，这个建议让市长眼前一亮。当市长把“思想者”的牌子打出去后，“百年老店”的坚守精神让斯特林市得到了更多人的尊重。评选结束后，斯特林市不但入选，名次还排在前十。

一时间，考拉尔的“思想者”书店名扬四海，很多慕名而来的人被考拉尔的精神所感动。就这样，“思想者”书店不但成为当地最著名的旅游景点，还成为当地销售额最高的书店，每年的销售额已经达到了几百万美元。

2006年，考拉尔的后人接手了书店。他对书店一百多年的经营做了详细分析，结果发现，在考拉尔经营的66年里，书店有9年在赚钱，17年持平，其余的40年都处于亏损状态。

对此，考拉尔的后人动情地说："面对这样的经营情况，我不知道世界上有几个人能够坚持66年，我无法想象我的祖先是如何度过那段岁月的。在那个年代，他绝不会想到书店能带来如此巨额的利润。事实上，他只是在一个思想贫瘠的时代，为文明而苦苦坚守。"

"思想者"书店为考拉尔家族带来了数不尽的金钱与荣誉，但这一切，都源于考拉尔最初的坚持。人生需要坚持，谁坚持到最后，谁就能赢得胜利，许多伟大的成就都是坚持的结果。不管未来多么遥远，前方的道路多么坎坷，只有坚持到底，才能获得胜利。

世间最容易的事常常也是最难做的，最难的事也是最容易做的。说它容易，是因为只要愿意做，人人都能做到；说它难，是因为真正能做到并持之以恒的，终究只是极少数人。巨大的成功靠的不是力量而是韧性，竞争常常是持久力的竞争。每个人都有梦想，而追求梦想需要不懈的努力，只有坚持不懈，成功才不再遥远。

凭一股傻劲迎向困难和挑战

认真、拼命、努力工作，这些看似平凡的字眼，却是我们成功的路径。正如龟兔赛跑中那只傻傻的乌龟，明知道以自己的速度根本赢不了健步如飞的兔子，可就是硬凭着一股子傻劲一步一步地"跑"在了兔子前面。

我们小时候唱的儿歌《蜗牛和黄鹂鸟》中，蜗牛背着重重的壳一步一步地往葡萄树上爬，黄鹂鸟嘲笑它："葡萄成熟还早得很呢，现在上来干什么？"蜗牛傻傻地答道："黄鹂鸟儿啊你不要笑我，等我爬上去，葡萄就成熟了。"

我们身边一定有这样的例子。有的人认真学习一门课能得到80分，有的人头脑聪明却不好好学，但也能拿到60分。后者说前者是个"只知道傻读书的呆子""我要是认真读书，拿100分也不在话下"。

可是，实际上在工作和生活中，能取得成功并不是只凭聪明，那些天生愚笨却能凭着一股傻劲拼命努力、克服困难、完成挑战的人，大多都获得了成功。

2007年一部叫作《士兵突击》的电视剧占据了中国各大电视台的黄金档，一个叫作许三多的士兵走进了人们的心田。《士兵突击》就是讲述这个叫作许三多的农家孩子，是怎样用一股傻劲儿成长为兵王的故事。

许三多有很多外号，“许木木”“许三呆”，因为所有接触过他的人，班长、连长、战友，都觉得这个人实在是太傻了。确实，许三多很傻，傻到连向后转都会拧着腿，傻到他的连长只拿他当半个兵看。

因为新兵训练表现不好，他被分到了五班。这个班在远离人烟的地方驻守着重要管道，这个班被称为“孬兵的天堂”——这里都是即将退役的老兵，仅有几个人的五班，没有人再重视训练和纪律。只有许三多，不在乎战友的眼光，一个人在草原上踢正步，一个人坚持早起、训练和打扫。因为班长老马的一句话，他就在驻地的空地上硬是用石头修成了一条路。正是这样的傻劲儿感动了团长，让他进了响当当的钢七连。

在钢七连里，许三多并不招人待见，身为坦克兵的他竟然晕车，大大拖累了他所在的三班成绩。为了治好他的晕车毛病，三班长史今建议他练习腹部绕杠。当时，腹部绕杠这样的技能是七连人人都会的，可是许三多却连单杠都爬不上去。在大家的帮助下，他终于能够做27个腹部绕杠了。后来，三班长为了改变连长对他“半个兵”的看法，让平时最多只能做27个腹部绕杠的他做50个。连长不相信这“半个兵”能战胜自己，答应只要他做到50个就把三班失去的先进集体还给他们。

就这样，许三多在单杠上如上了发条一样不停地绕着，早就超过了50个，班长告诉他，还差得远呢，他就继续做，一直做了333个，打破了全连的纪录！战友、班长都被他的意志打动了，连长也因此改变了对他的看法。

后来，他还凭着这股傻劲，在改编后的钢七连坚守了半年的营房；凭着这股傻劲，在特种兵的训练演习中，一次又一次跨越了精心设计的圈套、忍受残忍的折磨，即便从高空跌下时还依然保持着战斗的状态。

许三多的傻劲，不是愚笨，而是一种坚持、执着、认真、奋进、乐观，用钢七连的话说就是“不抛弃、不放弃”。

让我们向这个一身傻劲的士兵学习吧，凭着一股傻劲和拼劲去战胜困难和挑战，赢得最精彩的人生。

人生是一出长长的舞台剧，人人都有自己的角色，人人也都有自己的表演方式。天生有着好形象的演员固然能够得到命运一时的青睐，成为“偶像派”；但是如果想要在人生的舞台上演一出精彩的戏、想长期成为主角，就必须用一种不达目的绝不止步的“傻劲”提升自己的能力，将自己打造成一个“实力派”，只有这样才能不被命运这位导演赶到跑龙套的位置。

持续朝一个方向聚焦精力

这个社会，一个人懂得的东西越多越受欢迎。在校园里，多才多艺的人会受到众人的追捧；在工作中，通才型员工的成功概率也要相对大得多。于是在这样的形势下，我们不再安心于专精一件事，而是希望样样会，我们广泛涉猎，事事参与，出现了“提起样样行，干起样样松”的现象。

社会之大，所涉及的专业之多，恐怕不是我们用一两只手就能数得过来的。一个人的精力是有限的，我们不可能把所有的事情都做到最好。所以，与其把精力分成若干份，让自己在每个岔路口都走一段路，不如沉下心来，只朝着通往自己人生目标的一条路走下去。

在《今晚报》中曾经刊登过一篇名为《特长就是专一地做一件事情》的文章，其中写道：

法国作家莫泊桑，很小便表现出了出众的聪明才智。一天，莫泊桑陪同舅父去拜访他的好友——著名作家福楼拜。舅父想推荐福楼拜做莫泊桑的文学导师。可是，莫泊桑不以为然地问福楼拜究竟会些什么，而福楼拜不动声色地将问题原封不动抛回。莫泊桑得意地说：“我什么都会，只要你知道的，我就会。”

福楼拜不慌不忙地说：“那好，你就先跟我说说你每天的学习情况吧。”莫泊桑自信地说：“我上午用两个小时来读书写作，用另两个小时来弹钢琴，下午则用一个小时向邻居学习修理汽车，用三个小时来练习踢足球，晚上我会去烧烤店学习烧鹅，星期天则去乡下种菜。”说完后，莫泊桑得意地反问道：“福楼拜先生，您每天的工作情况又是怎样的呢？”

福楼拜笑了笑说：“我每天上午用四个小时来读书写作，下午用四个小时来读书写作，晚上，我还会用四个小时来读书写作。”莫泊桑不解地问：“难道您就不会别的了吗？”福楼拜没有回答，而是接着问：“你究竟有什么特长，比如有哪样事情你做得特别好的？”这下，莫泊桑答不上来了。于是他便问福楼拜：“那么，您的特长又是什么呢？”福楼拜说：“写作。”

莫泊桑下决心拜福楼拜为文学导师，一心一意地读书写作，最终取得了丰硕的成果。

如果莫泊桑还在每天学很多事情，精力持续被分散，那么也许在世界的文坛上就不会有这么一个善于写短篇小说的传奇人物了。只有沉下心来，专注于自己的目标，努力接近自己内心最想做的事，我们才有机会获得成功。

一个成功的经营者曾经说过，“如果你能专注地制作好一枚针，应该比你制造出粗陋的蒸汽机赚到的钱更多”。对一个领域的精通，要比对100个领域只知皮毛强得多。

重庆煤炭集团永荣电厂的罗国洲，是一名有30年工龄的普通而不平凡的员工。尽管罗国洲的身份从烧锅炉职工到司炉长、班长、大班长不断变化，可是他一直深情地爱着陪伴他成长并成熟的锅炉运行岗位。就是在这个岗位上，他当上了锅炉技师，成为国内远近闻名的“锅炉点火大王”和锅炉“找漏高手”，让他感受到了一名工人技师的荣耀和自豪。

罗国洲有一副听漏的“神耳”，只要围着锅炉转上一圈，就能在炉内的风声、水声、燃烧声和其他声音中，准确地找到锅炉受热面的泄漏部位；往表盘前一坐就能在各种参数的细微变化中，准确地判断出泄漏点。

除了找漏，罗国洲还练就了一手锅炉点火、锅炉燃烧调整的绝活。在用火、压火、配风、启停等多方面，他都有独到见解。锅炉飞灰回燃不畅，他提出技术改造和加强投运管理建议，实施后使飞灰含碳量平均降低到8%以下，锅炉热效率提高了4%，为企业年节约32万元。

一个人的潜能无限，但他的精力和时间是有限的，任何人都不可能成为无所不知、无所不能的超人。罗国洲的成功，就在于他将全部工作精力都用在锅炉这一件事情上，由此取得了别人难以超越的成就。

“人能一其心，何不如之有哉”，意思是说人如果能够专心致志，那么什么事情办不到呢？聪明的人懂得专注的重要性，他们做事的时候，坚决不让自己的精力分散。只有这样，才能最终取得成功。

第三章

人品为先，方圆通达有诀窍

做事知方圆，做人要通达，是强大内心的外部折射，体现的是淡定安然，不焦躁，不急切，和光同尘、宠辱不惊的状态。这种状态有利于化解人际摩擦，创造和谐关系，引导事态良性发展。

为人之道：方中有圆，圆中有方

方中有圆，圆中有方，是为人处世之道，又是大自然的法则。《易经》中说：“天行健，君子以自强不息；地势坤，君子以厚德载物。”在这里，圆象征着运转不息、周而复始的天体；方象征着广大旷远、宽厚沉稳的地象。

北京的天坛公园可谓外方内圆的典型建筑。公园分东、西、南、北四门，四四方方。园内主体建筑是祈年殿，整个大殿呈圆形——圆基座，圆柱体，浑圆顶，这是天圆地方理念呈现出的匠心独运的设计作品。

方中有圆，是指在纷纭变化的现象中能不忘本质，在表现个性的同时不忘共性；在静态中不忘动态，在坚持原则的同时不排除适当的灵活性，在遵守道德规范和礼仪、保持文化修养的同时又能不失自己的本色。

为人完全没有规矩，固然有天然之美，但弊病失之于“野”。而能在高度的道德文化素养中体现出自己的本色，则是更高的一个层次。所谓“唯大英雄能本色”，这是从正面讲方内容圆。从另一方面讲，方内容圆是指不刻板，不钻牛角尖。在总体上讲原则、讲规矩，但也不排除在特定的条件下灵活变通。

美国成人教育专家戴尔·卡耐基是处理人际关系的“老手”，然而早年时，他也曾犯过小错误。有一天晚上，卡耐基参加一个宴会。宴席中，坐在他右边的一位先生讲了一段幽默故事，并引用了一句话，意思是“谋事在人，成事在天”。那位健谈的先生提到，他引用的那句话出自《圣经》。然而，卡耐基发现他说错了。

卡耐基很认真地纠正了那位先生的错误。那位先生立刻反驳：“什么？出自莎士比亚？不可能！绝对不可能！”

当时卡耐基的老朋友法兰克·葛孟坐在他的身边。葛孟研究莎士比亚的著作已有多年，于是卡耐基就向他求证。葛孟在桌下踢了卡耐基一脚，然后说："戴尔，你错了，这位先生是对的。这句话出自《圣经》。"

那晚回家的路上，卡耐基对葛孟说："法兰克，你明明知道那句话出自莎士比亚。""是的，当然。"葛孟回答，"在《哈姆雷特》第五幕第二场。可是亲爱的戴尔，我们是宴会上的客人，为什么要证明他错了？那样会使他喜欢你吗？他并没有征求你的意见，为什么不圆滑一些，保留他的脸面呢？"

别人的一些无关紧要的小错误，放过去无伤大局，那就没有必要去纠正它。这不仅为自己避免不必要的烦恼和人事纠纷，也顾及了别人的名誉，不给别人带去无谓的烦恼。这样做，并非只是明哲保身，更体现了处世的度量。

从人生的原则性和灵活性上讲，圆中有方是指特定条件下的一种处世方法。尤其是在乱世、困境、险境之中，人不能事事皆行直道，不得不小心谨慎，讲究权变。有时为了大的原则、大的利益而不得已牺牲或违背小的原则、小的利益。比如《论语》中孔子对管仲的评价。

管仲原是辅佐公子纠的。公子纠和齐桓公是兄弟，也是政敌。最终，公子纠在王位之争中落败，被齐桓公杀死。但管仲不但没有为公子纠殉身，反而担任齐桓公的宰相，有人说管仲不仁，见利忘义。然而孔子认为，管仲这个人是很了不起的。他帮齐桓公九合诸侯，没有使用武力，便使天下得到了安定，老百姓如今还受到他的恩惠。如果没有管仲，我们今天很可能都成了野蛮人。他为天下和国家做出了这么大的贡献，不是那些白白死去的普通老百姓所能比的。

管仲为齐桓公做事，对公子纠来说是不忠、不仁、不义，从个人处世的角度讲是圆而不方。但是，他为国家做出了贡献，为百姓尽了大忠、大仁、大义，可以说是圆中有方，没有违背天下的大义、大原则。所以孔子不但没有否定他，还充分肯定了他的伟大功绩。

《庄子·天下》中说：矩虽然可以用来画方，但是矩本身不是方的，所以说矩不可以为方；规虽然可以用来画圆，但规本身不是圆的，所以说规也不可以为圆。《算经》中说“方中有圆者，谓之圆方；圆中有方者，谓之方圆”。这些都体现了古人认可方圆兼济的道理。而那些成大事者，多是方圆通达之人，在危难时刻总能把做人的机智技巧运用得淋漓尽致。

沉住气，学会运用博弈思维

人的一生中，需要解决的事情有很多，有时会面临在多个目标中周旋的情况，如何确定哪个是最主要的目标，哪个是次要的，哪个是无关紧要的，这是十分复杂的问题。这个时候，就需要沉住气，静下心来，运用博弈思维确定最主要的目标来调整自己的行动方向，以最主要的精力和时间实现这个目标。

什么是博弈？博弈听起来高深莫测，但其实很好理解，那就是每个博弈者在决定采取行动时，不但要根据自身的利益和目的行事，而且要考虑到自身的决策行为对其他人可能产生的影响，以及其他人的行为对自身可能产生的影响，通过选择最佳行动计划，寻求收益最大化。也就是说，要在估计对方采取何种策略的基础上选择适合自己的正确策略。

人生充满博弈，若想在复杂的社会中做一个强者，就必须懂得博弈的运用。

海瑞当知县时，嘉靖的宠臣严嵩正当权，一时间严党遍布朝野。海瑞的顶头上司浙江总督胡宗宪正是严嵩的同党，他仗着自己有后台，到处敲诈勒索。

有一次，胡宗宪的儿子带了一大批随从经过淳安，住在县里的官驿里。海瑞在淳安县立下一条规矩，不管达官还是贵戚，一律按普通客人标准招待。胡公子养尊处优惯了，看到驿吏送上来的饭菜，认为是有意怠慢自己，气得掀了饭桌，喝令随从把驿吏捆绑起来，倒吊在梁上。驿里的差役赶快将此事报告给海瑞。

海瑞听完差役的报告，淡定地说：“总督是清廉的大臣。他早有吩咐，各县招待过往官吏，不得铺张浪费。现在来的那个花花公子，排场阔绰，态度骄横，一定是有坏人冒充胡大人的公子，到本县来招摇撞骗。”说罢，他立刻带领一大批差役赶到驿馆，把胡宗宪的儿子及其随从统统抓了起来，带回县衙审讯。一开始，胡公子仍仗着父亲的官势气焰嚣张，但海瑞一口咬定他是假冒的，他才泄了气。之后，海瑞又从他的行装里搜出几千两银子，全部没收充公，其人则撵出县境。

等胡公子回到杭州向他父亲哭诉的时候，海瑞的报告也送到总督衙门，说有人冒充公子，非法吊打驿吏。胡宗宪明知道儿子吃了大亏，但是海瑞信里没牵连到他，如果把这件事声张出去，反而失了自己的颜面，就只好吃了哑巴亏。

在这件审讯上司“假公子”的事件中，海瑞就掌握了博弈的主动权，因为胡公子把事情闹得太大，到了非处理不可的地步，所以在处理还是睁只眼闭只眼的选择中，海瑞只能选择处理。好在他机智地一口咬定此人招摇撞骗，绝非上司公子。这实际上也是给上司设计了一个难题：承认他是自己的儿子，损伤自己的威严；不承认他是自己的儿子，伤害了儿子的利益。最终，胡总督两相权衡，也就承认了海瑞的说法。在与上司的这场博弈中，海青天深谙官场上“豹死留皮，人死留名”的心理，即贪污归贪污，表面文章还得做，他便点到即止，让双方都能接受，因此，取得了斗争的胜利。

天地之间有一张极大的棋盘，每一个人都是其中的棋手。人生中的每一种行为都是在这张看不见的大棋盘上布子。精明慎重的棋手能够沉住气，善于揣摩，走出变化万端的棋局。

在现代社会，不懂得博弈的人，就像夜晚走在陌生道路上的行人，永远不知道前方哪里有障碍、沟坎，只是一路靠自己摸索下去，将成功、不跌倒、不受挫的希望寄托在幸运、猜测及有限理性上。而懂得博弈论并能将这种理论运用娴熟的人，就仿佛同时获得了一盏明灯和一张地图，能够看清脚下和未来的路，掌握前进的主动权。

把好心中的度，无过无不及

没有人可以孤立地生活在这个社会，就算是如今的“宅”一族，平时也会与人接触。与人接触要有方法，只要把握好适度的原则，就能宽心静气地行走在这人世间。把握好为人处世的度，是成就大业必要的条件之一。

孔子昔日有弟子三千，其中优秀者七十二人，他不仅在学识学问上给予指导，更能在为人处世上给予指点。因此，孔子不仅是弟子们求学过程中的导师，更是他们人生的导师。

孔子的学生子贡曾经问孔子：“先生，您认为子夏和子张相比，在为人处世上，哪一个要好一些？”

孔子回答：“子张做事情总是做过头，子夏做事有欠缺。”

子贡又追问道：“老师，那您认为谁更好一些呢？”

孔子听后只回答了四个字“过犹不及”。

表面来看，似乎孔子认为做事做过头，不如做得不够火候，宁可达不到那个所谓的度，也不要越线。实际上，孔子的意思是无论过度还是欠缺都不好，最妙的是要恰到好处。恰到好处说起来容易，做起来难。中国自古奉行中庸之道，中庸的思想精髓就在于凡事恰到好处。

要想成大业，就要学会辨识做事的度，把握好自己的本心。只有自己内心平静，遇事能沉住气冷静判断，才能做到恰到好处。

一天，子夏向孔子请教自己的同辈里的过人之处。孔子回答道：“颜回为人诚信，子贡思维敏捷，子路胆大过人，子张成熟稳重。这四个人在他们突出的领域都远远胜于我。”

听到孔子的回答，子夏十分诧异。他又问道：“先生，既然这四个人超越了您，为什么他们还甘愿拜您为师，向您学习请教为人处世的方法呢？”

孔子听后微微一笑，缓缓地解答子夏的疑惑：“在我的众多弟子中，这四个人确实格外优秀。颜回的诚实值得称赞，但有时候过分的诚实就是迂腐；子贡思维敏捷，但不知道这世上太过锋芒毕露容易招人嫉妒，惹来灾祸；子路胆大过人，却不知道世上还有可惧怕之事，有时候过于莽撞反而要吃亏；子张成熟稳重，为人严肃，却不知道在与人交往中要保持适度的亲近，不然会让人敬而远之。正因为此，他们四人才会拜于我门下，学习如何为人处世。”

孔子的话道出了他四位高徒追随他的原因。在各项德行中，他的门徒都有过人之处，却不知道过犹不及的危害，需要追随孔子这位做事恰到好处的老师，诚心诚意地学习。在如今的社会中，我们很难像子路、颜回、子张等人追随一位伟大的老师，通过其言传身教潜移默化地改变自己，让自己逐渐完善。所以，要想把握为人处世最适当的度，只能依靠自己。虽然我们能够通过学习他人的成功经验来领悟为人处世之妙，但道理胜在实践，自己的亲身体验往往最为有效。除此之外，我们还要懂得总结自己失败的原因，逐渐完善自我。

中国自古有句名言叫“礼多人不怪”，然而这句话在如今的社会中却并不十分适用。礼貌待人是必需的，但过分热情同样会起到相反的效果，反而使多礼变成无礼，引起别人的不满。

有一个小伙子大学毕业后进入一家公司上班，初入职场的他希望自己能有个好人缘，所以对同事十分热情，每次都热情地打招呼，为人也很和气。发了工资后，小伙子更是觉得自己应该用实际行动来感谢同事和领导在工作上给予的帮助。于是，小伙子时不时请同事吃饭，逢年过节或者同事有喜事，他都自发备上一些小礼物送给同事。除此之外，他还经常去领导家帮忙做家务，或者时常走动一下。小伙子觉得自己做得十分到位，心里也特别高兴。

谁知道没过多久，领导开始找他谈话，问他是不是对现在的位置有什么不满。原来，他的过分热情和厚道让领导和同事起了戒心，以为小伙子有所图谋。原本只是想和同事打成一片的小伙子，顿时哑口无言，只能吃闷亏。从此之后，小伙子意识到“礼”也要做到恰如其分，才能发挥其特有的效果，便不敢像从前一样过分热情了。

虽然人际交往讲求“礼”，但过分的客套和热情就会让人心生疑惑，做得多了并不见得是件好事，反而会像上面的小伙子一样，被别人误会成急功近利之徒，最终只能哑巴吃黄连，有苦说不出。正如朱熹在解释“中庸”二字时所说的那样，所谓中庸就是无过、无不及。

在一个需要与人交流的社会，无论做事做人都要沉住气，把持好心中的度，做到无过、无不及，恰到好处。如果能做到这一点，相信无论你面对怎样的困境和难题，都能顺利过关。

得理且饶人，留足面子为将来

在我们周围，难免有一些人时时处处与你争斗，在人们的不断攻击下，你可能会沉不住气，不由自主地也陷入争斗，并因此焦躁起来。这一方面是为了面子，一方面是为了利益，一得了“理”，便不饶人，非逼对方鸣金收兵或竖白旗投降不可。然而“得理不饶人”虽然让你暂时吹响胜利的号角，但也很可能是下次争斗的前奏。失去的面子和利益，对方当然要“讨”回来。在以后的工作或生活中他一定会加倍地反对你，与你为敌，这样下去只能是两败俱伤。

为人处世，不要将事情做绝了，即使自己“得理”，也给别人留有余地，这实际上也是给自己留有余地。我们来看看下面两个小故事。

故事一：一个人扛着锄头走上长长的独木桥，他边向前走边用锄头砸坏身后的桥，不想给别人留下路。结果，走了没多久，前面的桥被洪水冲断了，他想折回，但身后早已无路。于是，他被困在了桥上。

故事二：一个人背着行囊爬上了一座岔路很多的山，他边走边用石头在路边留下记号，为别人也为自己指路。后来，他的面前出现了一道悬崖，但他靠着自己留的路标，安全地原路返回。

同样是行路之人，为什么结果大相径庭？原因很简单，后者为他人更为自己留下了一条后路，而前者是自毁后路、自食其果。其实，不管是行路还是处世，都应该留有余地，给别人留后路就是给自己留退路。

我们都知道，因为每个人的智慧、经验、价值观、生活背景不同，所以难免会与人产生不同的想法，进而发生争斗。但如何处理这种争斗，如何在这种自己“得理”的情况下，为双方都保留面子、留有余地，则是妥善处理争斗的关键。

有一家百货公司，一位顾客要求退回一件外衣，而她已经把衣服带回家并且穿过了，只是她丈夫不喜欢。她解释说“绝没穿过”，并要求退换。

售货员检查了外衣，发现明显有干洗过的痕迹。但是，直截了当地向顾客说明这一点，双方可能会发生争执。因为她已经表示“绝没穿过”，而且精心地伪装了。于是，机敏的售货员说：“我很想知道是否你们家的某位成员把这件衣服错送到干洗店去洗过，我记得不久前我也发生过同样的事情，我把一件刚买的衣服和其他衣服堆在一起，结果我丈夫没注意，把那件新衣服和一大堆脏衣服全塞进了洗衣机。我怀疑你也遇到这种事情，因为这件衣服的确看得出已经被洗过，你可以跟其他衣服比一比。”顾客看了看证据，知道无可辩驳，而售货员又已经为她的错误准备好了借口，给了她一个台阶下。于是，她顺水推舟，乖乖地收起衣服走了。

故事中的售货员之所以能顺利解决这起小事件，避免起纷争，关键就在于她事先替那位顾客找好了借口，留足了余地。

虽然“得理不饶人”是你的权利，但何妨“得理且饶人”，放对方一条生路，让他有个台阶下，为他留点面子和立足之地，对自己也好处多多。

凡事避免正面冲突

俗话说“不打不相识”，但古往今来又有几个好友是因为巨大的冲突结为莫逆的？与人正面冲突，不仅会引发误会，结下仇怨，还对自己的前途有害无益。人和人之间总会有矛盾，但更需要的是彼此互助。所以在日常生活中凡事都要沉住气，三思而后行，尽量避免和别人冲突。

在人际交往中，但凡相争，难免要付出一些代价。退一步海阔天空，多一个朋友总好过多一个敌人。可偏偏有人不懂得这样的道理，直到吃亏才意识到当时的意气之争有多可笑。

小王是名牌大学毕业生，年轻有为。他在一家信息公司才工作两年，就因为业务成绩出色被调到公司的重要部门策划部。策划部不仅由老总直接领导，还是公司中培养领导的地方，许多部门经理都因为在这里历练一番，才得以升职。小王认为自己成功的机遇就在眼前了，仿佛只要自己再努力一下，就能获得升迁的机会。

不过在策划部中有一个土霸王——老张。这个老张是个厉害人物，他是当年公司创立时的元老之一，是整个策划部资格最老的人，连公司的老总也要卖他几分面子。老张仗着自己资格老、经验丰富排挤了许多年轻有为的同事。不过小王丝毫没把老张放在眼中，凭他一个大学毕业的高才生，又善于处理人际关系，怎么会斗不过仅有老旧经验作威作福的老张呢？所以小王自调入策划部的那天起，就把老张作为对手。部门开会讨论时，只要老张一开口，即便别人不吭声，小王也敢提出反对意见。

小王眼见着自己在策划部的工作风生水起，自己的工作能力被同事认可，他认为自己十有八九能取代老张的位置。可是他怎么也没料到后来发生的一切。

一天，老张领了一个人让小王帮忙安排工作，不放弃任何一个打击老张机会的小王，自然对那人冷嘲热讽一般，还鸡蛋里挑骨头般地刁难了很久。可第二天，小王就接到了一张调令，被调到了一个无关紧要的部门。这突如其来的人事调动，让小王有些不知所措。几经打听他才知道，原来当初老张带来让他安排工作的人，居然是公司董事长孙子以前的幼儿园老师。而这正是老张设的局，从而让小王失去领导的信任。原本即将升迁的小王就这样失去了自己的前程。

小王自以为能够轻巧地取而代之，谁知道老张技高一筹，最终令小王自己葬送了前程。倘若小王不先自以为是地向老张发起正面挑战，或许他就能把握住升迁的机会；又或许在小王与老张的正面冲突中，他能够沉住气，冷静应对理智思考，也就不会暴露自己的缺点和弱点，被老张利用。

不过，世上没有那么多或许，事情一旦发生，亡羊补牢也无济于事。我们在人际交往中，无法判断对方究竟是君子还是小人，也无法得知又有谁在暗中盯着自己，准备算计自己，所以凡事小心为上。即便你比对手强大很多，也不要和对方发生正面冲突。要想成功，在人际关系中就要做到求同存异，保护好自己。即使遇到别人的挑衅也要沉住气，理智分析，如此你一定能顺利地走向成功，迎来自己的辉煌。

做事先做人，拥有好人品

先做人再做事才能成大事，这是古训，先人早就强调了“做人为先”的重要性。以孔子为代表的儒家思想可以说是中国几千年文化底蕴的沉淀，提倡“子欲为事，先为人圣”“德才兼备，以德为首”“德若水之源，才若水之波”，可谓是中华民族历来做人的基本原则与标准。

有关做人的道理大家或多或少都听过。然而，人的品性各有优劣，做事的结果也大相径庭。任何成功都有一定的必然性，其中重要的一个因素就在于怎样做人，是否拥有良好的人品。

美国加州的数码影像有限公司需要招聘一名技术工程师，一个叫史密斯的年轻人去面试，他在一间空旷的会议室里忐忑不安地等待着。不一会儿，有一个相貌平平、衣着朴素的老者进来，史密斯站了起来。那位老者盯着史密斯看了半天，眼睛一眨也不眨。正在史密斯不知所措的时候，这位老人一把抓住史密斯的手说："我可找到你了，太感谢你了！上次要不是你，我可能就再也看不到我女儿了。"

"对不起，我不明白您的意思。"史密斯一脸迷惑地说道。

"上次，在中央公园里，就是你，就是你把我失足落水的女儿从湖里救上来的！"老人肯定地说道。

史密斯明白了事情的原委，原来他把自己错当成他女儿的救命恩人了："先生，您肯定认错人了！不是我救了您女儿！"

"是你，就是你，不会错的！"老人又一次肯定地说。

史密斯面对这个对他感激不已的老人只能做些无谓的解释："先生，真的不是我！您说的那个公园我至今还没去过呢！"

听了这句话，老人松开了手，失望地望着史密斯说："难道我认错人了？"

史密斯安慰老人："先生，别着急，慢慢找，一定可以找到救你女儿的恩人的！"

后来，史密斯接到了录取通知书。有一天，他又遇见了那个老人。史密斯关切地与他打招呼，并询问他："您女儿的救命恩人找到了吗？"

"没有，我一直没有找到他！"老人默默地走开了。

史密斯心里很沉重，对旁边的一位司机师傅说起了这件事。不料那司机哈哈大笑："他可怜吗？他是我们公司的总裁，他女儿落水的故事讲了好多遍了，事实上他根本没有女儿！"

"噢？"史密斯大惑不解。

那位司机接着说："我们总裁就是通过这件事来选拔人才的。他说过有德之人才是可塑之材！"

史密斯兢兢业业地工作，不久就脱颖而出，成为公司市场开发部经理，一年为公司赢得了3500万美元的利润。当总裁退休的时候，史密斯继承了总裁的位置，成为美国家喻户晓的财富巨擘。后来，他谈到自己的成功经验时说："一个人一辈子做有德之人，绝对会赢得别人永久的信任！"

世间技巧无穷，唯有德者可用其力；世间变幻莫测，唯有人品可立一生！这就是作为成功人士或希望成为成功人士应该具备的优秀品质：做事先做人，拥有好人品。

上述故事中的史密斯，面对老者的“错认”，完全可以“将错就错”，然而，正直、诚实的史密斯却没有这样做，他一口否认了，由此也凭借着高尚的德行征服了公司总裁，最终脱颖而出，不断升迁，直至登上公司的最高位置。

由此可见，在追求成功的道路上，做人的重要性、道德的重要性、人品的重要性有多大。如果当初史密斯昧着良心接受这份赞誉，也就不可能进入这家公司了，更不可能成为该公司的最高领导者。

《左传》中说：“太上有立德，其次有立功，其次有立言，虽久不废，此之谓三不朽。”最上等的，是确立高尚的品德；次一等的，是建功立业；较次一等的，是著书立说。如果这些都能够长久地流传下去，就是不朽了。此处所说的“立德”，便是指会做人，拥有好人品。

好人品，是人生的桂冠和荣耀，是一个人在信誉方面的全部财产。好人品，使社会中的每一个职业都很荣耀。它比财富、能力更具威力，它使所有的荣誉都毫无偏见地得到保障。

管理学上有一种“中庸”理论，意思是任何一个想要稳步发展的组织，都要划分出三个档次：首先是德才兼备，其次是德高才中，最后才是德才中等，唯一不可用的是有才无德的人，因为这样的人极其危险。正如《三国演义》中的吕布，能征善战，神勇无敌，但品格低下，先认丁原做义父然后杀之，后认董卓做义父然后杀之，最后被曹操抓起来，再也不敢用他，只得把他杀掉。

不管你是用人还是为人做事，都要牢记“做事先做人，拥有好人品”这句箴言。沉住气，不着急做大事，踏踏实实修炼自己的品格，才能真正走上成功之路。

以柔克刚，刚柔相济

曾国藩认为，人不可无刚，无刚则不能自立。但并不是有了刚就能够所向披靡，另外还需要柔，刚柔相济，更易成事。一块巨石如果落在一堆棉花上，则会被棉花轻松地包在里面。以刚克刚，两败俱伤；以柔克刚，刚柔相济，更容易成功。

杜月笙，旧中国上海滩著名的流氓大亨，十里洋场的“第一号人物”和“工商界巨子”。其权势之显赫，甚至敢于在“太子”头上动土。

1948年夏，为扭转全国严重的财政经济危机，蒋介石特派儿子蒋经国督导上海地区经济管制，并组成了逮捕不法之徒的“打虎大队”。恰在这时，杜月笙的三儿子杜维屏因私自套汇港币45万元外汇，被蒋经国查获。蒋经国大为震怒，立即下令逮捕杜维屏，在上海滩引起了巨大震动。

对杜月笙来讲，从来只有“损”人，没有被人损过。对于蒋经国的下马威，杜氏门徒建议“老师”给蒋经国点颜色看看，让他知道上海滩不是新赣南。杜月笙却不动声色，既不向主管方面求情，也不跟亲朋故旧诉苦，反而一本正经地说：“国法之前，人人平等，杜维屏果若有罪，我不可能也不应该去救他。怕什么，我有八个儿子，缺他一个，又有何妨？”但暗地里，杜月笙却默默地寻找着反击的机会。

一天，蒋经国把各业巨头约到浦东大楼，准备对杜月笙施加新的压力。杜月笙明知是“鸿门宴”，却不便“拒邀”。会议一开始，蒋经国即正色道：“对这次币制改革，上海各界人士热烈赞助者很多，但有少数人仍投机倒把，囤积居奇，兴风作浪，影响国计民生。本人此次进行经济检查，若囤积物资逾期不放，一经查出，全部没收，并予法办。”

蒋经国的话显然是讲给杜月笙听的。岂料他的话音刚落，杜月笙立即起立发言：“我儿子违反国家规定，是我管教不严，我把他交给蒋先生依法惩办。不过我有一个要求，也可以说是今天到会各位的要求，就是请蒋先生派人到扬子公司的仓库去检查检查。扬子公司囤积的货色人尽皆知是上海首屈一指的。今天我亲友的物资被登记查封，也希望蒋先生能一视同仁，把扬子囤货同样予以查封，这样才服人心。”杜月笙还软中带硬地说：“倘若蒋先生吃不准，我可以陪你检查。闲话一句，我身体有病，不能多坐了。”说完离座而去。杜月笙的发言犹如一颗重磅炸弹，语惊四座，工商界巨头们不禁暗中佩服这位大亨。杜月笙既然敢在老虎头上拍苍蝇，蒋经国自然也不甘示弱，他立即表示扬子公司如有犯法行为，绝不宽恕。

顿时，“扬子囤货案”弄得满城风雨，街谈巷议，纷纷嘲讽蒋氏家族的丑闻。扬子公司的董事长兼总经理是孔祥熙的大公子孔令侃。孔少爷凭着他是蒋介石的外甥，根本不把“打虎大队”看在眼里。但杜月笙先发制人，蒋经国又不能按兵不动，遂下令查封了扬子公司的仓库。孔令侃立即向小姨妈宋美龄求援，哭诉蒋经国残害手足的行为。宋美龄在调解未果的情况下，又搬出了蒋介石。蒋介石听罢原委后，不禁埋怨起儿子来，认为他假戏真做，打“虎”打到自己家族头上来了，结果，扬子一案不了了之，杜月笙的三公子也早在此事了结之前出了监狱。

蒋经国是蒋介石的儿子，手握重权，杜月笙虽然是上海滩的帮会领袖，在十里洋场有很大的影响力，但面对蒋家，杜月笙其实处于弱势。如果一味硬顶，别说是儿子的性命，自己乃至整个帮会，都可能被蒋经国“一锅端”。杜月笙知道不能硬碰硬，于是表面“认栽”，暗地里排兵布阵，将了蒋经国一军，既救了儿子，也没有与蒋经国撕破脸，将“以柔克刚”运用到了极致。

俗话说“百人百心，百人百姓”。有的人性格内向，有的人性格外向，有的人性格柔和，有的人则性格刚烈，各有特点，又各有利弊。然而纵观历史，我们不难发现，往往刚烈之人容易被柔和之人征服利用。职场中人更需善于以柔克刚、刚柔相济。

一天，处长对一位女打字员说：“你打的字真整齐，就像你这人一样整洁、美丽。”那位打字员听到处长的表扬非常高兴，喜形于色。处长抓住时机，接着说：“但你以后对标点要特别注意一些，怎么样？”女打字员很爽快地答应：“行，没问题。”

处长用的就是刚柔相济的方法。试想，如果处长直接批评女打字员打的材料标点符号有很多错误，以后要特别注意，女打字员可能因受到领导批评而几天不愉快；也可能为自己辩护，这样就达不到批评的目的。

因此，在人际交往中，无论表现“刚”或“柔”，都应把握好分寸，因人而异，摸清对方的心理。切记“刚”不是为了要威风，把矛盾激化，而是为了缓和冲突、转化矛盾、解决矛盾。要注意不讲蛮话、脏话、过激的话，如果硬过了头，就会激化矛盾，产生危险后果。“刚”到好处为硬而不脆、威而不逼，火候一到就要给人以台阶，叫人家体面地下台，使矛盾圆满解决。而“柔”虽然感化力强，但局限性大。对于那些失去理智，以及吃硬不吃软的人是无济于事的，反而会被人认为软弱胆小，从而助长其嚣张气焰。因此，“柔”的运用要看对象、分场合，不能一概而论。如此，方能达到以柔克刚、刚柔相济的效果。

第四章

拿起放下成所愿，遂心如意赢人生

拿得起、放得下，是心灵的低调沉稳，是处世的宠辱不惊、去留无意。一个人不管在什么情况下，都要能够放下自己的身段，低调做人、高调做事，这不仅是体面生存和尊严立世的根本，也是赢得人生、成就事业的最佳心理状态。

归零心态让你快速成长

人们往往第一次成功相对比较容易，第二次却很难，这是为什么呢？

一位集团老总曾经说过这样意味深长的话：“一个企业的失败，往往是因为它曾经的成功，过去成功的理由是今天失败的原因。任何事物发展的客观规律都是波浪式前进、螺旋式上升、周期性变化。中国有一句古话叫风水轮流转，经济学上叫资产重组。”生活就是不断地重新再来，不归零就不能进入新的资产重组，就不会持续发展。

你可能有很高的地位，可能拥有很多的财富，具有渊博的知识，但是当你想要获得更大成功的时候，你一定要有一个归零的心态。只有心态归零才能让你快速成长，才能学到更多的成功方法。

一位女硕士到一家星级酒店去求职，酒店当时正在招聘服务员，招聘条件只需高中学历。这位女硕士就以高中学历前去应聘，她很容易就被聘用了。

在大堂服务员的岗位上，女硕士很快脱颖而出。她不仅在处理突发事件时表现出良好的素质，还通过平时在工作中的观察和积累，对酒店的管理提出了一些很有见地的意见。管理层开始注意到她，并且有心提拔，不过觉得她的学历太低。这个时候，女硕士拿出了她的本科学历证书。于是，疑虑很快被打消，她被提拔为大堂经理。

担任经理职务后，她继续努力工作，干得更加出色了。很快，她良好的个人素质和工作能力就引起了酒店高级管理层的关注。不久，酒店总经理助理的职位出现空缺，女硕士被列入了高层考虑的人选之中。此时，她亮出自己的研究生学历，轻易击败了其他竞争者，成为总经理助理，从此跻身酒店高级管理者的行列。

女硕士的这种做法也是一种归零。现在，很多人都把注意力放在高处，殊不知，眼光盯在高处，一是缺乏对自己实力的证明，不易得；二是即使勉强得到了，也不一定能够做出成绩来。那位女硕士正因为是从底层做起，对于酒店内部管理的各个环节都有充分了解，她在担任更高职位以后才更加得心应手。

具有归零心态的人其心灵总是敞开的，他们能随时接受伟大的启示和一切能激发灵感的东西，他们时刻都能感受到成功女神的召唤。他们不仅思想上归零，行动上也会归零。

王林大学毕业后，被分配到一家机械厂的基层部门担任管理人员。

因为他不懂生产、不熟悉工艺流程，所学的专业又与实际操作衔接不上，在管理上感到力不从心。

另外几个一同分配来的大学生，同样不能胜任工作，但他们不从自身找原因，而是一味发牢骚，抱怨工厂待遇太低，升迁太慢，认为在这里工作是大材小用。他们甚至以“跳槽”相威胁，让厂长给他们安排更好的位置。

就在伙伴们相继高升之际，王林却向厂长提出了不同的要求：让他下车间，当工人。厂长惊讶极了，转而对他的选择表示了赞赏：“好，小伙子有志气！”王林的选择很多人都不能理解，消息传出，全厂哗然，连那几个大学生对此也嗤之以鼻。

王林并不理会那些议论，他一心扑到工作上，努力钻研各项技术，熟悉每个工种。两年后，他升任车间主任，因为他懂技术，没人敢敷衍他，所以王林所在车间的产品质量是最好的。这时，当年跟他一起进厂的大学生都在各科室担任中层干部。

几年后，厂里决定试行承包制，他承包了一个车间。因为产品质量过硬，营销效果好，很快就打开了市场销路，在全行业中成为赫赫有名的新军。

后来，王林通过融资买下了这家工厂，他也成了知名的民营企业家，公司甚至准备上市。在总结成功经验时，王林说：“海纳百川，才成汪洋之势。年轻人要学会从低位做起，充分积累经验，将来才能有成功的本钱。”

归零是一种在低位思考高位的理智心态。王林就因为没有被一时的利益所诱惑，能够冷静归零，才最终取得了成功。

往低处流的水，看似没什么志气，最终却可以汇入海洋，动辄掀起滔天巨浪，颇有颠倒乾坤之势。往高处走的人，历尽千辛万苦，以为能看到美景，最终却不过是在岌岌可危之处。谁更聪明一点?

人生不仅仅是一座珠峰，吸引着我们去攀登，有时还是汹涌的海洋，为了登上更高的山峰，我们先得有滑入浪底的勇气。

最大的智慧是知道自己无知

有人问苏格拉底是不是生来就是超人，他回答说："我并不是什么超人，我和平常人一样。唯一不同的是，我知道自己无知。"这就是谦逊，是一种大智慧。无怪乎古罗马政治家和哲学家西塞罗会说："没有什么能比谦虚和容忍更适合一位伟人。"

一颗谦逊的心是自觉成长的开始，即我们在承认自己并不知道一切之前，不会学到新东西。许多年轻人都有这种通病，他们只学到一点点，却自以为已经学到一切，他们的心关闭起来，再没有东西进得去。

哲学家卡莱尔说："人生最大的缺点，就是茫然不知自己还有缺点。"人们只知道自我陶醉，殊不知这会遭到多数人的排斥，使自己处于不利地位。

谦逊永远是一个人建功立业、开创人生大格局的前提和基础。不论你从事何种职业，担任什么职务，只有保持谦虚谨慎，才能不断进取，增长更多的知识和才干。因为谦虚谨慎的品格能够帮助你看到自己与别人的差距，使你冷静地倾听他人的意见和批评，从而不断前进。而骄傲自大、满足现状、主观武断的人，轻则使工作受到损失，重则会使事业半途而废。

肖恩是一个刚刚毕业的大学生，他不但相貌英俊，而且热情开朗。肖恩决定找一份与人交往的工作，以发挥自己的长处。很快，他就得到一个好机会——一家五星级宾馆正在招聘前台工作人员。

肖恩决定去试试。于是一天清早，他就去了那家宾馆。主持面试的经理接待了他。经理对肖恩俊朗的外表和富有感染力的热情相当满意。他拿定主意，只要肖恩符合这项工作几个关键指标的要求，他就留下这个小伙子。

他让肖恩坐在自己对面，开门见山地说："我们宾馆经常接待外宾，所有前台人员必须会说四国语言，这一要求你能达到吗？"

"我大学学的是外语，精通法语、德语、日语和阿拉伯语。我的外语成绩是相当优秀的，有时我提出的问题，教授们都支支吾吾答不上来。"肖恩回答说。事实上，肖恩的外语成绩并不突出，他是为了获取经理的信赖而刻意夸大自己的成绩。显然，他低估了经理的智商。其实，在肖恩提交自己的求职简历后，公司已经收集了相关的详细信息，其中包括肖恩的大学成绩单。

听了肖恩的回答，经理笑了一下，但显然不是赏识的笑容。接着他又问道："做一名合格的前台人员，需要多方面的知识和能力，你……"经理的话还没说完，肖恩就抢先说："我想我是不成问题的。我的接受能力和反应能力在我认识的人中是最快的，做前台绝对会很出色。"

听完他的回答，经理站了起来，并且严肃地对他说："对于你今天的表现，我感到很遗憾，因为你没能实事求是地说明自己的能力。你的外语成绩并不优秀，平均成绩只有70分，而且法语还连续两个学期不及格；你的反应能力也很平庸，几次班上的活动你都险些出丑。年轻人，在你想要夸夸其谈时，最好给自己一个警告。因为每夸夸其谈一次，诚实和谦逊都要被减去10分。"

在我们的生活中，像肖恩这样的人并不少见。很多人只知吹嘘自己曾经取得的辉煌，夸耀自己的能力、学识，以为这样可以博得别人的好感和赞扬，赢得别人的信任。但事实上，他们越是吹嘘自己，越会被人讨厌；越夸耀自己的能力，越受人怀疑。

俄国作家契诃夫曾说过，"人应该谦虚，不要让自己的名字像水塘上的气泡那样一闪就过去了"。一个人即使拥有广博的知识、高超的技能、卓越的智慧，但如果缺少谦虚，他也不可能取得灿烂夺目的成就。记住：伟人多谦逊，小人多骄傲，太阳穿一件朴素的光衣，白云却穿上了华而不实的裙裾。

身在红尘，需要弯下腰来

有一位将军，在大军撤退时总是断后，回到京城后，人们都称赞他很勇敢，将军却说："并非吾勇，马不进也。"将军把自己断后的无畏行为说成是由于马走得太慢。其实，在人们心目中，"马走得太慢"并不会折损将军的英雄形象。

那些深谙做人之道的人，大多是在社会群体中能够摆正自己位置的人。一个人太自负，就很容易陷入莫名的自我陶醉中，变得自大起来。他会无视他人的不满和提醒，终日沉浸在自我满足之中，这样的人永远也得不到人们的理解和尊重。

有时我们的烦恼正来自我们那颗狂妄自大的心。狂妄自大的人头脑容易发热，他们往往充满梦想，只相信自己的智慧和能力，坚信只有自己才是正确的。他们从来不接受别人的意见和劝告，认为采纳别人的意见等于是对自己的否定和贬低。这些人其实是典型的外强中干，他们的固执恰恰证明了他们并不是真正的强者，正因为心虚，所以他们才不愿服输。

实际上，人们尊敬的是那些脚踏实地干实事的人，而不是自吹自擂的炫耀专家。有一个成语叫"虚怀若谷"，意思是说，胸怀要像山谷一样虚空。这是形容谦虚的一种很恰当的说法。只有空，你才能容得下东西。

居里夫人因取得了巨大的科学成就而闻名天下，她一生获得各种奖金多次，各种奖章16枚，各种名誉头衔117个，但她对此都全不在意。

有一天，她的一位女朋友来访，忽然发现她的小女儿正在玩一枚金质奖章，而那枚奖章正是大名鼎鼎的英国皇家学会刚刚颁给居里夫人的。朋友不禁大吃一惊，忙问："居里夫人，能够得到一枚英国皇家学会的奖章，是极高的荣誉，你怎么能给孩子玩呢？"

居里夫人笑了笑说："我是想让孩子从小就知道，荣誉就像玩具，只能玩玩而已，绝不能够永远守着它，否则将一事无成。"

1921年，居里夫人应邀访问美国，美国妇女为了表示崇拜之情，主动捐赠1克镭给她，要知道，1克镭的价值在百万美元以上。

这是她急需的。虽然她是镭的母亲——发明者和所有者（她却放弃为此而申请专利），但她买不起昂贵的镭。

在赠送仪式之前，居里夫人看到《赠送证明书》上写着“赠给居里夫人”的字样时，不高兴了。她声明说：“这个证书还需要修改。美国人民赠送给我的这1克镭永远属于科学，但是假如就这样规定，这1克镭就成了我的私人财产，这怎么行呢？”

主办者在惊愕之余，打心眼里佩服这位大科学家的高尚品格，马上请来一位律师，把证书修改后，居里夫人才在《赠送证明书》上签字。

我们看体育比赛，知道运动员要跳高，必须先屈膝，没有人可以直着双腿而跳得高的。运动员在田径比赛时，特别是短距离比赛时，要跑得快，就必须先弯下腰，向前倾斜幅度大，这样会跑得更快。

大凡成功的人在遇到瓶颈时，会以退为进，退也是一种谦虚。俗话说“天外有天，人外有人”。保持一颗谦逊的心，你更能时刻前进；跨越虚荣的樊篱，你才能平静地选择自己的生活，把握好自己前进的方向。

自满导致毁灭，谦虚打造未来

俄国作家列夫·托尔斯泰说：“一个人就好像一个分数，他的实际才能好比分子，而他对自己的估价好比分母，分母越大，则分数的值越小。”真正的谦虚，是自己毫无成见，思想完全解放，不受任何束缚，对一切事物都能做到具体问题具体分析，采取实事求是的态度，对于来自任何方面的意见，都能听得进去，并加以考虑。这样的人能做到在成绩面前不居功，不重名利；在困难面前敢于迎难而上，主动进取。他们的谦虚并不是卑己尊人，而是对自己的尊重。

有一次，孔子带领众弟子去参观鲁桓公的庙宇，发现了一种叫作“溢满”的容器，这种圆形容器底部倾斜而不易放平。孔子不解地问守庙人，守庙人说：“这是君王放置在座位右边的一种器具。当它空着的时候就会倾斜，装入一半水时就正立着，灌满了就翻倒过来。”

于是孔子就回头叫一个弟子往容器内灌水，果然是在水灌满的时候容器就翻转过来了。孔子感慨地说：“不错！哪有满而不翻的道理呢！”针对这种现象，孔子又趁机向弟子们讲述了一番做人的道理，即做人一定要谦虚，不能骄傲自满，要像大地一样低调沉稳，承载万物；像大海一样虚怀若谷，容纳百川。

自满是一个人成长路上最大的阻碍，当一个人觉得自己不需要提高的时候，就好像上述故事中被灌满的容器，马上就要倾倒了。我们应当保持一颗谦虚的心，唤醒内心深处对不断充实自我的渴望，在工作中不断提升自我，用持续成长，带给自己持续成功。

有一个年轻人，由于工作出色，很受董事长重视，不少人隐隐看出来，他已经被董事长作为接班人在培养。

面对工作上的成就和董事长的支持，这个年轻人变得很高傲，自以为是，对不同意见总是无法接受，导致和其他人的关系急剧恶化，而他并没有察觉到。有一次，董事长在大庭广众之下狠狠批评了他一通。对这突然的打击，年轻人很受不了，甚至当场就哭了。晚上回家后，他准备写辞职信。

但最初的冲动过后，他冷静下来，认真反思自己的行为。最终他想通了，认为董事长对他的批评是对的，在公司里，任何人都没有成绩、没有过去，一切都只从现在开始，为将来努力。于是年轻人将辞职报告撕了，写了一份检讨书。

从辞职信到检讨书，年轻人的态度终于由骄傲变得谦虚。一个人不管自己有多丰富的知识，取得多大的成绩，或是有了何等显赫的地位，都要谦虚谨慎。只有心胸宽广，博采众长，不断地丰富自己的知识，增强自己的本领，才能更深刻地认识自己，获得更大的成功。

敢于低头是魄力，更是能力

如果把我们的人生比作爬山，有的人在山脚刚刚起步，有的人正向山腰跋涉，有的人已攀上顶峰。但此时，不管你处在什么位置，请记住：要把自己放在山的最低处，即使已经“凌绝顶”，也要懂得适时低头，因为，在漫长的人生旅途中，难免有碰头的时候。敢于低头、适时认输是成大事者的一种人生态度和格局，他们在后退一步中潜心修炼，从而获得比咄咄逼人者更多的成功机会。低头并不是自卑，认输也不是怯弱，当你明白了低头的智慧，当你从困惑中走出来时，你会发现，适时地低头，其实是一种难得的境界。

富兰克林年轻时曾去拜访一位前辈。年轻气盛的他昂首挺胸，迈着大步，一进门就撞在门框上。迎接他的前辈见此情景，笑着说：“很疼吧？可这是你今天来访的最大收获。一个人活在世上，就必须时刻记住低头。”

有人问苏格拉底：“你是天下最有学问的人，那么你说天与地之间的高度是多少？”苏格拉底毫不迟疑地说：“三尺！”那人不以为然：“人有五尺高，天与地之间只有三尺，那还不把天戳个窟窿？”苏格拉底笑着说：“所以，凡是高度超过三尺的人，要长立于天地之间，就要懂得低头啊。”

很多人在年轻时不谙世事，只会冲撞，不懂低头，结果总是碰壁，吃了不少苦头。这是很多人的通病，并不足为奇，重要的是在碰壁后，你要“吃一堑长一智”，学会低头，才能踏上通畅的人生之路。

要学会低头，就必须懂得低头是一种智慧，它需要求同存异、应时顺势、谦恭温良。在处理人与人之间的矛盾时，懂得低头，那是君子怀仁的风度，是创造和谐社会的必备品格；在处理人与社会的矛盾时，懂得低头，那是理性人生的闪光，是取得共赢的光明之路；在处理人与自然的矛盾时，懂得低头，那是避免盲目蛮干的镇静剂，是实现人与自然和谐共处的有效途径。

低头需要勇气。面对别人的批评，我们要勇敢地承担责任，接受教训；面对强大的敌人和困难时，我们同样需要避其锋芒，保存实力，以图再战。

低姿态让对方得到心理满足

俗话说，人往高处走，水往低处流。人们通常会为了追逐高地而忘乎所以，人也变得肤浅浮躁。这时，就需要逆向思维，有时，放低自己的位置、保持一种低姿态反而能看到不一样的风景，也能为将来的奋起储蓄能量。

在处世中，保持低姿态，能让对方觉得有面子，这样一来，对方与你的关系便走近了一步。最终，获利的是你自己。可以说，低姿态正是胜利者的姿态，低姿态正是成功者的姿态。

为了把事办成，不妨以低姿态出现在别人面前，使别人感到安全时，你自己也就安全了。

在陕西西安秦始皇陵兵马俑博物馆，有一尊被称为“镇馆之宝”的跪射俑。它被誉为兵马俑中的精华，中国古代雕塑艺术的杰作。陕西省就是以跪射俑作为标志的。

跪射俑左腿蹲曲，右膝跪地，右足竖起，足尖抵地。上身微偏向左侧，双目炯炯，凝视左前方。两手在身体右侧一上一下做持弓弩状。

如今，秦始皇陵兵马俑坑已经出土、清理各种陶俑1000多尊，除跪射俑外，皆有不同程度的损坏，需要人工修复。而这尊跪射俑是保存最完整的，仔细观察，就会发现连衣纹、发丝都还清晰可见。

它为什么能够保持得如此完整呢？

专家告诉我们，这得益于它的低姿态。首先，跪射俑身高只有1.2米，而普通立姿兵马俑的身高都在1.8～1.97米。天塌下来有高个子顶着，兵马俑坑都是地下坑道式土木结构建筑，当棚顶塌陷、土木俱下时，高大的立姿俑首当其冲，低姿的跪射俑受损害就小一些。其次，跪射俑做蹲跪姿，右膝、右足、左足三个支点呈等腰三角形支撑着上体，重心在下，增强了稳定性。

处世也是如此，保持低姿态，避开无谓的纷争，才能避开伤害，更好地发展自己。

如果你想事业有成，不妨以低姿态出现在对方面前，用谦虚、平和、朴实、憨厚的姿态，使对方感到自己受尊重，在谈事时也就会放松警惕，这时你成功的可能性将大大提升。

赫蒙是美国著名的矿冶工程师，毕业于美国的耶鲁大学，在德国的弗莱堡大学拿到了硕士学位。可是当赫蒙带齐了所有的文凭去找美国西部的大矿主赫斯特的时候，却遇到了麻烦。

那位大矿主是个脾气古怪又很固执的人，他自己没有文凭，所以就不喜欢那些文质彬彬又专爱讲理论的工程师。当赫蒙前去应聘并递上文凭时，赫斯特很不礼貌地对赫蒙说：“我之所以不想用你，就因为你曾经是德国弗莱堡大学的硕士，你的脑子里装满了一大堆没有用的理论，我可不需要什么文绉绉的工程师。”

聪明的赫蒙听了不但没有生气，相反，他心平气和地回答说：“假如你答应不告诉我父亲的话，我要告诉你一个秘密。”赫斯特表示同意，于是赫蒙小声对赫斯特说：“其实我在德国的弗莱堡并没有学到什么，那三年就好像是稀里糊涂地混过来一样。”想不到赫斯特听了笑嘻嘻地说：“好，那明天你就来上班吧。”就这样，赫蒙在一个非常顽固的人面前通过了面试。

赫蒙以降低身份的方式，赢得了大矿主的心。可见，低姿态在处理难缠的人际关系时，极为有效。你越充分地运用这种方法，你就越有可能赢得别人的心。

其实，以低姿态出现只是一种表面现象，是为了让对方从心理上感到满足，使他愿意与你合作。实际上表面谦虚的人，反而是非常聪明的人。当你表现出大智若愚，使对方陶醉在自我感觉良好的氛围中时，对方就会不由自主地配合你，使你达到目的。

走出面子的围城

中国人常说“人活一张脸，树活一层皮”，“面子”在我们传统道德观念中的地位之重可见一斑。然而若因此就固执地以“面子”为重，养成死要面子的人生态度却不是件好事。

执着，让我们赢得了通往成功的门票；而固执，让我们在死守自己的观念时，却输掉了整个人生。所以，正确剖析自己，走出面子围城，这不是软弱，而是人生的智慧。

有一个人做生意失败了，但是他仍然极力维持原有的排场，唯恐别人看出他的失意。为了能重新振兴，他经常请人吃饭，拉拢关系。宴会时，他租用私家车去接宾客，并请了两个钟点工扮作女佣，佳肴一道道地端上，他以严厉的眼光制止自己久已不知肉味的孩子抢菜。

虽然前一瓶酒尚未喝完，他已打开柜中下一瓶XO。当那些心里有数的客人酒足饭饱告辞离去时，每一个人都热情地致谢，并露出同情的眼光，却没有一个人主动提出帮助。

希望博得他人的认可是一种正常心理，然而，人们在获得了一定的认可后总是希望获得更多的认可。所以，人常常会掉进为寻求他人认可而活的牢笼中。

80多年前，林语堂先生在《吾国吾民》中认为，统治中国的三女神是“面子、命运和恩典”。“讲面子”是中国社会普遍存在的一种民族心理，面子观念的驱动，反映了中国人尊重他人与自尊的情感和需要，但过分地爱面子并任其演化下去，终将得不偿失。

有一个博士被分配到一家研究所工作，成为研究所里学历最高的一个人。

有一天他到单位后面很远的小池塘去钓鱼，正好正副所长也在钓鱼。他只是微微点了点头，跟这两个本科学历的人有什么好聊的呢？

不一会儿，所长放下钓竿，伸伸懒腰，从水面上如履平地地走到对面上厕所。博士眼睛瞪得都快掉下来了。水上漂？不会吧？这可是池塘啊。所长上完厕所回来时，还是“噌噌噌”地从水上漂回来了。怎么回事？博士固守着高学历的面子，又不好意思去问。

过了一会儿，副所长也站起来，同样漂过水面上厕所。这次博士更是惊诧：不会吧，到了一个江湖高手集中的地方？一会儿后，博士也内急了。这个池塘两边有围墙，要到对面厕所非得绕十分钟的路，而回单位又太远，怎么办？博士也不愿意问两位所长，憋了半天后，也起身往水里跨：我就不信本科生能过的水面，我博士不能过。只听“咚”的一声，博士栽到了水里。

两位所长将他拉了上来，问他为什么要下水，他问：“为什么你们可以走过去呢？”两位所长相视一笑：“这池塘里有两排木桩子，由于这两天下雨涨水正好在水面下。我们都知道这木桩的位置，所以可以踩着桩子过去。你怎么不问一声呢？”

一个人过于爱惜面子，难免会流于迂腐。刻意地张扬面子，或让“面子”成为横亘在生活之路上的障碍，终有一天会吃到苦头。因此，无论是人际方面还是在事业上，我们都不要因为小小的面子，为自己的生活带来不必要的麻烦和隐患。

其实，死守面子、唯面子为尊的价值观念和行事思想，对我们行事做人有很大的束缚。每个人都有缺陷，不要试图每一方面都优于他人。聪明的人，敢于承认不如人，也敢于对自己不会做的事说“不”，所以他们自然能赢得一份适意的人生。

打破身份的自我限制

想要在竞争激烈的社会中，争得一席之地，首先要懂得打破自我身份的限制，即放下学历、家庭背景、身份的优越感，让自己回归普通人，保持谦虚的心态。同时，也不要在乎别人的眼光和批评，沉住气，做你认为值得做的事，走你认为值得走的路。

在化妆品行业里，几乎无人不晓李菁和李礼这两个名字，这两朵姊妹花自1995年以来一直效力于法意公司，而这家公司先后作为纪梵希、范思哲、幽兰、安娜苏等国际知名化妆品品牌的中国地区总代理，在进口化妆品市场中独霸一方。李菁和李礼的名字也总是一起出现，一个是市场部总监，一个是销售部总监，她们曾为这些品牌在中国的推广创下了骄人的战绩。

这两个女孩都出生于20世纪70年代，受过良好的高等教育，可是她们却没有自恃学历高而眼高手低，都是从底层做起，一步一步走向成功。

刚出道时的李菁一身学生气，提着满满一箱化妆品的样品去拜访北京各大百货商场的化妆部经理，她曾被人不分青红皂白地骂出门去："外语系毕业的小姑娘，不去外企大公司，跑到这儿来卖什么化妆品？也不怕掉价儿……"李礼的运气也好不到哪儿去，为了帮公司争取到优惠的合作条件，她曾顶着炎炎烈日在马路上坐了6个小时，才把商场业务主管等回来。

李菁和李礼是幸运的，至少她们选择了一项自己热爱的职业并为之努力。"你不知道刚开始有多苦，"李菁对同事说，"我们根本没有休息日，白天盯销售，晚上盘库存。常常是商场一开门就冲进去，晚上关门时才出来。整日和销售员一起站着，做促销，搞活动。我们之所以可以坚持下来，就是因为从来没有把自己摆得过高。只有努力从底层做起，才能稳扎稳打，能上能下。"无法想象这些漂亮的女孩子曾在相当长的一段时间里在一间没有空调暖气，没有卫生间的简陋库房里工作，成箱的货品都是自己一级级台阶搬上搬下的。那时她们真的很委屈，但还是坚持下来了。

其实，她们对成功的定义就是要“开心”和“感觉好”。每当有不顺心的事，就宽慰自己一句“比上不足，比下有余”，烦闷情绪也就消散了。

李菁和李礼能够放下自己的身份，踏踏实实地从底层做起，这是值得我们学习的。有时候，人的身份是一种自我认同，并不是什么不好的事，但这种自我认同也是一种自我限制，即“因为我是这种人，所以我不能去做那种事”，而自我认同越强的人，自我限制也越厉害。

千金小姐不愿意和她的平凡女同桌吃饭，博士不愿意当基层业务员，高级主管不愿意主动去找下级职员，知识分子不愿意去做“不用知识”的工作……他们认为，如果那样做，就有损他们的身份和面子。

其实这种“身份”只会让人的路越走越窄。不是说有“身份”的人就不能有得意的人生，但在非常时刻，如果放不下身份，不能撕破“漂亮”的装饰，身份就会一直阻止你前行的脚步，最终让你无路可走。

放下清高，打开自己的人生天地

“墙角的花，你孤芳自赏时，天地便小了。”冰心这首隽永的小诗是对孤芳自赏者最好的回答。佛学大师星云法师也以花作喻：“任何好品种的花朵，如果只会孤芳自赏或自命清高，它就永远是野花，不登大雅之堂。”因此，要打开自己的人生天地，首先要放下清高，路才能越走越顺。要以谦让豁达来赢得更多的朋友，不要结党营私，局限在某个小团体之内，更不要自尊自大、孤芳自赏，走到孤立无援的地步。

方华是个非常优秀的青年，头脑一向很聪明，在大学期间是一个令人羡慕的“学霸”。或许正是因为他太优秀了，一般人很难让他看得起。

他是一个特立独行的人，时时感到自己“鹤立鸡群”。不仅周围的同学他看不上眼，连一些教授他也不放在心上，因为他们讲的课程对方华来说实在太简单了。

学业上的优秀使方华逐渐有了优越感，因而在人际交往上常常变得极为挑剔，容不得别人有一点毛病。一次，有位同学向他借了一本书，书还回来时弄破了一点，虽然那位同学一再向他表示歉意，但方华仍然无法原谅他，从那以后，他再也不愿理睬那个借书的同学了。

渐渐地，方华成了其他同学眼中的“怪人”，大家不敢再和他交往，甚至不愿意和他交往。当然，这种“集体排斥”并没有阻碍方华在学业上的成功。

方华的功课门门都很优秀，年年都获得奖学金，还曾代表学校参加过国际性竞赛并获得了奖项。许多老师和学生都一致认为，他是一个难得的天才。

数年寒窗苦读后，方华以优异的成绩毕业，顺利进入一家待遇优厚的大公司。他心中对未来充满了憧憬，准备干出一番轰轰烈烈的事业来。不过，上班后的生活远远不像在学校里那样简单，每天少不了和上司、同事、客户等各种各样的人打交道，方华对此感到十分厌烦。因为他在与人交往时仍然抱着那种挑剔的心理，一旦与人接触就对他人的弱点非常敏感。

方华太优秀了，很少有人能够和他比肩。他对别人的挑剔越来越严重，逐渐发展成对他人的厌恶。他讨厌那些平庸的同事、低能的上司，有时甚至说不清对方有什么具体的缺陷，但他就是感觉不对劲。

后来，方华与周围的人关系变得很紧张，他经常与同事闹得不可开交，也往往因一些微不足道的小事而与上司发生龃龉。

终于有一天，方华彻底变成了一个无人理睬的闲人了。尽管他确实很有才干，上司却不再派给他任务，同事们也像躲避瘟疫一样远离他。在走投无路之际，他被迫写了一份辞职信，结果马上得到了批准。

随后，方华又到别处应聘，可是一连换了四五家单位，竟然没有一处令他感到满意。这位原本前途远大的青年，心情变得越来越苦闷，最终形单影只。在巨大的痛苦煎熬下，他的精神逐渐崩溃，最后被送入了精神病医院。

方华的人生可谓一场悲剧，但这场悲剧是他的孤芳自赏造成的。富有才华的人，难免会有些骄傲和自信心膨胀，这就需要自己保持一个清醒的头脑，看到自身的不足，用谦虚恭敬的态度待人处世，才能不断提高自己，同时也会获得别人的认可。

俗话说“满招损，谦受益”。骄傲自大、孤芳自赏的人，常因“鼻孔朝天”而四处碰壁，人生的领地越来越小。而谦虚的人却能时刻保持谨慎诚恳的姿态，踏踏实实地走好每一步，人生之路才越走越顺。

第五章

磨炼强大意志，沉着冷静应万变

世界潜能激励大师安东尼·罗宾斯说过，“成功的秘诀就在于懂得怎样控制痛苦与快乐这股力量，而不为这股力量所反制。如果你能做到这点，就能掌握住自己的人生，反之，你的人生就无法掌握”。这就需要我们“卒然临之而不惊，无故加之而不怒”，面对困境表现得从容，面对顺境表现得超然，不论得失成败，不论荣辱盛衰，不论喜怒哀乐，都能沉着冷静，以不变应万变，把事情做得更好。

自制力推你走向成功

苏轼在《留侯论》中写道：“天下有大勇者，卒然临之而不惊，无故加之而不怒。此其所挟持者甚大，而其志甚远也。”意思是，天下有一种真正勇敢的人，遇到突发情况毫不惊慌，无缘无故地对他们施加侮辱也不动怒。为什么能够这样呢？因为他们胸怀大志，目标高远。

人的一生中会遇到很多问题，也会遇到很多挫折，一个不能自控情绪的人，一定与成大事无缘。学会控制情绪，保持心态平稳，才能客观地解决问题，获得成功。

在一家大百货公司受理顾客投诉的柜台前，许多女士大排长龙争着向柜台后的那位年轻女士诉说她们遭遇的困难，以及这家公司不对的地方。在这些投诉的妇女中，有的十分愤怒且不讲理，有的甚至讲出很难听的话，柜台后的年轻女士一一接待了这些人，丝毫未表现出任何嫌恶。她脸上带着微笑，指导她们前往合适的部门。她的态度优雅而镇静。

站在这位女士背后的是另一个年轻女士，她在一些纸条上写下一些字，然后把纸条交给站在前面的那位女士。这些纸条简要地记下妇女们抱怨的内容，但省略了这些妇女尖酸而愤怒的语气。

原来，站在柜台后面、面带微笑聆听顾客抱怨的年轻女士耳朵失聪，她的助手通过纸条把所有必要的事实告诉她。

这家公司的经理解释，他之所以挑选一名失聪的女士担任公司中最艰难而又最重要的一项工作，主要是因为他一直找不到其他具有足够自制力的人来完成这项工作。旁观者发现，柜台后面那位年轻女士脸上亲切的微笑，对这些愤怒的妇女们无疑是一剂缓释剂。她们来到她面前时，个个愤怒暴躁，但当她们离开时，个个温顺柔和，有些人离开时，脸上甚至露出羞怯的神情，因为这位年轻女士的“自制”使她们对自己的行为感到惭愧。

面对投诉的顾客，只有失聪的人才能始终保持和善的态度与微笑，而正常人却没有足够强大的自制力来胜任这一工作。由此证明，人世间最顽强的“敌人”正是我们自己，最难战胜的也是我们自己，而做人最大的难题则是管好自己。

歌德说：“毫无节制的活动，无论属于什么性质，最后必将一败涂地。”歌德是最伟大的诗人之一，他在这里告诫人们：不论做任何事情，自制都至关重要。自我节制，自我约束，是一种控制能力，尤其控制人们情绪和欲望，一旦失控，就可能随心所欲，结局必将一败涂地。

拿破仑·希尔曾经对美国各监狱的16万名成年犯人做过一项调查，结果他发现了一个令人惊讶的事实：这些人之所以身陷牢狱，有99%的人是因为缺乏必要的自制和理智，从不约束自己的行为，以致走向犯罪的深渊。

人类是有自我意识的高级生物，只要我们有意识强化自我控制能力，一定可以做自己的主人，而不是奴隶。下面是一些有效进行自我控制的方法：

1. 尽量不要发怒

“匹夫之怒，以头抢地尔”，发怒不但解决不了问题，反而容易把问题复杂化，从而伤害别人和自己。

2. 受到不公平待遇时，不要怨天尤人

怨天尤人是一种消极的心理，不但得不到别人的同情，反而容易引起别人的反感。

3. 要改变急躁的习惯

有些事情着急也没有用，该来的终究会来，该发生的终究会发生，要保持镇定。要知道，欲速则不达，急于求成反受其害。

4. 受到不公平待遇时，要抑制住自己的委屈

一个人会一时受委屈，但不会一世受委屈。不公平总会存在，即使是太阳，它的光芒也无法照遍地球上的每一个角落。但天总有晴空万里的时候，人总有扬眉吐气的时候，前提是要能够在受到委屈时控制自己的情绪。

5. 要抑制住自己悲愤的情绪

社会上的人各色各样，谁都免不了受到伤害。所以，在努力保护自己

的同时，要冷静理智地寻求解决问题的办法，而不是悲愤难当。

6. 不要像井底之蛙一样狂妄自大

狂妄会遭到别人的讨厌，会引来别人的排挤。其实，任何能力都有局限性，强中自有强中手，能人背后有能人。

7. 要适当自娱自乐

要经常进行自我娱乐来调节身心，使自己轻松快乐，但不可过度，因为“业精于勤荒于嬉，行成于思毁于随”。

8. 不要放纵自己

“酒是穿肠毒药，色是刮骨钢刀”，切记不可放纵自己，使自己迷失方向，意志涣散，走向堕落。

自制力是在行动中形成的，也只能在行动中体现，除此之外，再没有别的途径。自制的养成是一个长期的过程，不是一朝一夕的事。因此，要自制首先就得勇敢面对来自各方面的挑战，不要轻易地放纵自己，哪怕只是面对一件微不足道的事情。

从容是一种心灵优势

明代的吕坤在其所著的《呻吟语》中说“事从容则有余味，人从容则有余年”。面对挫折，只有从容，才能临危不乱；只有从容，才能举止淡定；只有从容，才能运筹帷幄；只有从容，才能化险为夷。

刘伯承青年时在战斗中被打伤右眼，到重庆由德国医生沃克治疗。他们有这样一段对话：

“你是干什么的？”

“邮局职员。”

“你是军人！”沃克一针见血地说，“我当过德国军医，受这样重的伤势，只有军人才能这样从容镇定！”

刘伯承微微一笑，锐利地回答：“沃克医生，军人处事靠自己的判断，而不是靠老太婆似的喋喋不休！”

当时，袁世凯正悬赏十万大洋买刘伯承的人头，在这样险恶的环境中，遇到对方的怀疑，刘伯承不是辩解或乞求，而是镇定自若地回答。正是刘伯承从容不迫的言行，深深感动了沃克医生，他嚷道：“你是一个真正的男子汉，一块会说话的钢板！按德意志的说法，你是军神。”

突如其来的变故是很好的试金石，能准确判断一个人素质的优劣、强弱。甚至那些养鸟的行家，在选鸟的时候，都要故意去惊吓那些鸟，以分辨哪些鸟儿是优品，而那种稍受一点儿惊吓就“扑扑”拍翅、乱成一团的鸟是首先被淘汰的。

著名发明家贝尔费尽大半生的财力，建立了一个庞大的实验室。但不幸的是，因为一场大火，他一生的研究心血几乎付之一炬。

当他的儿子在火场附近焦急地找到父亲时，他看到已经67岁的贝尔居然静静地坐在一个小斜坡上，看着熊熊大火烧尽一切。

贝尔见儿子来找他，扯开喉咙叫儿子快去找妈妈来：“快把她找来，让她看看这场难得一见的大火。”大家都以为大火可能对贝尔造成了重大打击，但是他说：“大火烧去了所有的错误。感谢上帝，我们又可以重新开始了。”

没多久，新的实验室建起来了。现在，贝尔实验室已成为科学家的摇篮。

重大成功的背后往往是巨大的失败风险，面临危机和困难时，我们首先必须做到的便是镇定从容。临危不惧、镇定从容才能在危难面前用最短的时间想出解决问题的最佳方案。而另一方面，沉着和从容还能起到稳定人心的作用，让所有的人都能安稳地共渡难关。

培养镇定从容的性情，首先就要学会有意识地控制自己的情绪。任何时候都不要图一时之快发泄心中的喜怒，也无须将自己的情绪写在脸上，这样的人才能慢慢地把自己培养成一个遇事沉着、从容的人。

让积极情绪替代急躁情绪

生活中，我们经常看到有人因为发脾气，而把事情搞得一团糟，其原因不是这个人的能力不够，更不是这个人缺乏沟通的精神，而是因为这个人1%的坏心情，导致了最后100%的失败。

你可能不相信这个结论，也许你认为这么说有点夸张。其实不然，一个人的心情和他所做的事情有着很紧密的联系：心情好，事情也相对能完成得好，完成的质量也较高；相反，心绪不稳就会左顾右盼，心慌意乱地胡思乱想，根本就不把心思放在工作上，这样的心态又怎么能把事情做好呢？

美国石油大王洛克菲勒就是一个能正确对待自己坏心情的阳光人士，而他的对手恰恰因为不能控制这1%的坏心情，导致了最后的失败。

洛克菲勒的美孚石油公司曾经惹上一场官司。在法庭询问时，对手律师的态度明显地怀有恶意，甚至有羞辱之意，可以想象，当时洛克菲勒的心情有多么糟糕，如果这个时候他发怒，必将掉入对方设计的陷阱之中。不过洛克菲勒很聪明，他明白这个时候控制自己的情绪有多么重要，他一定不能和对方的律师一样鲁莽，更不能让自己这种负面情绪有所流露。

“洛克菲勒先生，我要你把某日我写给你的那封信拿出来。”对方律师很粗暴地对他说。洛克菲勒知道，这封信里面有很多关于美孚石油公司的内幕，而这个律师根本就没有资格来问这件事情。不过洛克菲勒并没有进行任何反驳，只是静静地坐在自己的座位上，没有任何表示。

“洛克菲勒先生，这封信是你接收的吗？”法官开始发问。

“我想是的，法官先生。”

“那么你回复了吗？”

“我想没有。”

这时法官又拿出许多其他的信件来，当场宣读：“洛克菲勒先生，你能确定这些信都是你接收的吗？”

“我想是的，法官。”

“那你说你有没有回复呢？”

“我想我没有，法官。”

“你为何不回复呢？你认识我，不是吗？”对方律师开始插嘴。

“是的，当然，我想我从前是认识你的。”

至此，看到洛克菲勒丝毫不动怒，像没事人一样，对方律师心情已经坏到极点，甚至有点暴跳如雷。而洛克菲勒还是坐在那里纹丝不动，似乎眼前的事情根本就没有发生过，全庭寂静无声，除了对方律师的咆哮声。

对方律师最后因为情绪失控，在法庭上把真相说漏了嘴，而洛克菲勒不仅赢得了官司，还在美国人眼中留下了一个很优雅的形象。

洛克菲勒正是以不动声色的态度赢得了这场艰难的官司，并一举挫败了对手的阴谋。上述案例里对方律师能力未必不强，证据也未必不充分，他仅仅是输在情绪上。一个律师最重要的是要处变不惊，沉着应对各种问题，即使出现了自己不能控制的局面，也不能一时情急而把重要的事实泄露出来，这样不仅会给委托人带来重大的损失，也会给自己的声誉抹黑。试想，如果对方的律师也能像洛克菲勒一样冷静而客观地应对这种场面，那么他也许能够胜诉。

当然，人有七情六欲，不可能做到不管在自己的眼前发生了什么事情，都能保持自己的心情不出现大的波动。可是当你想要发怒的时候，你试想过这样会发生什么样的后果吗？如果你能真正地意识到这一点，明白发怒只能把事情搞砸，而绝对不能把事情完美解决的话，你肯定就会好好地约束自己的情感，好好地控制自己的情绪，这样也就能和石油大王洛克菲勒一样，轻而易举地打败对方。

生气不如争气，斗气不如斗志

日本著名科学家系川英夫在他所著的《一位开拓者的思考》一书中，讲了一段极富哲理的话，“人生的重挫酷似游客翻船，为使身体不致被水流动所产生的吸力紧紧地吸附于船底，造成窒息性死亡，就要在落水后借助坠落的劲道蜷缩身体一沉到底，然后再顺着水流浮出水面，以求摆脱葬身鱼腹的命运”。

这里的“蜷缩身体”“一沉到底”，看上去好像一副无所作为、听天由命的样子，其实是最好的求生之道。如果不顾客观实际，落水之后就拼命地胡乱扑腾，那只能事与愿违，落得葬身鱼腹的下场。

同样的道理，人生路上遭遇不公不顺之事时，如果沉不住气，硬要违背客观规律，蛮干硬顶，不仅无助于事情的解决，反而会加剧事态的进一步恶化。

只有沉住气，潜伏修智，才能成就大事，一鸣惊人。

陈器从单位辞职以后来到深圳打工，他在一家企业做了几天文员后，就被解雇了。之后很长一段时间都找不到工作，生活已经到了山穷水尽的地步。

一天，身无分文的他坐在街心公园歇息，忽然间想到这里还有一个老乡在某个报社做编辑。

于是他强打精神去找那个老乡借钱。他好不容易找到了这位老乡，那人一见他的狼狈样，就故意装作没有看见他。在陈器小心地打了招呼后，那人才搭理他。当陈器表明来意后，那人不耐烦地掏出10元钱扔在桌子上，说自己今天身上没有多带钱并且马上要出差。陈器知道这是逐客令，心里气急了，真想把那10元钱抓起来甩在对方的脸上。但现实的残酷让他强压怒火，他拿起那10元钱，默默地转身走了。

陈器先用2元钱买了两斤馒头，然后用1元钱买了一支圆珠笔，用2元钱买了一沓稿纸。他待在自己租的房子里，用了一天一夜的时间写了4篇反映自己打工经历的稿件，次日早上将这些稿件送到一家专门发表打工者故事的杂志社。负责该栏目的编辑看了稿件后决定4篇都采用，并先付给陈器一半的稿费。拿着这些稿费，陈器度过了这段最艰难的时间。而现在的陈器已是一家公司的销售主管，一年能为公司创造上百万元的销售业绩，同时他自己也获得了丰厚的回报，在市区买了自己的房，也开上了自己的车。而他那位老乡，却因能力平平，人缘不好，几年来，在事业上并无多大起色。

在人生的低谷，面对老乡的漠然，陈器没有生气，而是将生气之心转化为争气之志，做到了“忍一时风平浪静，退一步海阔天空”。

人生路上，总是有许多不平不顺的事情扰乱我们的心绪，若能妥善处理当然再好不过，如果不行，那么“忍得一时之气，免受百日之忧”，如果意气用事，非要争个你短我长，事情可能会越闹越严重。这时候，“生气不如长志气”，沉住气，将“出头”的欲望转化为前进的动力，用自己的实际成绩给予对方有力的一击，这样的“出头”方式，才是既有尊严，又有价值的。

直面你无法控制的事情

没有人能告诉你生活中将会发生什么，人们期望天降喜事，但有时一些意外烦恼总是不期而来，为此，有些人悲观失望，结果让自己的生活变得更糟糕。其实，这样的做法很愚蠢。我们既然不能改变既成事实，为什么不学着坦然面对呢?

尼布尔的一句著名祈祷词说，“上帝，请赐给我们胸襟和雅量，让我们平心静气地去接受不可改变的事情；请赐给我们智能，去区分什么是可以改变的，什么是不可以改变的”。杞人忧天只能困扰自己，徒增烦恼。倒不如学学下面的老人，选择接受明天的天气。

有一个美国旅行者在苏格兰北部过节。

这个人问一位坐在墙边的老人："明天天气怎么样？"

老人看也没看天空就回答说："是我喜欢的天气。"

旅行者又问："会出太阳吗？"

"我不知道。"他回答道。

"那么，会下雨吗？"

"我不想知道。"

这时旅行者已经完全被搞糊涂了。

"好吧，"他说，"如果是你喜欢的那种天气的话，那会是什么天气呢？"

老人看着美国人，说："很久以前我就知道我没法控制天气了，所以不管天气怎样，我都会喜欢。"

生活就像天气一样无法预知，但是可以选择无论什么天气，都去喜欢它、接受它。面对生活，始终保持一颗平静的心，即使在困境中依然保持着泰然心境，这样的人无疑在厄运面前不会绝望，永远不会被厄运击垮。

也许我们现在生活的环境，与我们的事业目标、欲望、兴趣等发展是不合拍的，甚至有时会阻碍、限制我们的发展。这时，我们埋怨世界、抱怨环境是没有用的，只能主动适应它。

在曲折的人生旅途上，如果我们需要承受所有的挫折和颠簸，就要学会化解与消释所有的困难与不幸，用乐观的心看待生活，认定自己的目标，坚定不移地走下去，这样我们才能活得更加长久，我们的人生之旅才会更加顺畅、更加开阔。

很早以前，有一群人被敌人追赶，处境十分危险。由于情况危急，首领便把所有人召集起来谈话。

他说："有些事我必须告知大家，我们的处境看起来很不妙。我这里有一个好消息，也有一个坏消息。"

人群立刻起了一阵骚动。

首领说："首先我要告诉你们坏消息。"

所有的人都神色惶恐地等待着首领的话。

他说："除了水牛的饲料以外，我们已经没有什么东西可吃了。"

大家立即发出了"可怕啊""我们可怎么办"的声音。

突然，一个勇敢的人发问了："那么好消息又是什么呢？"

首领回答："那就是我们还存有很多的水牛饲料。"

像首领这样，在困境中依然保持着泰然、豁达的心境，就很难被困难和挫折击垮。

人生在世，难免有烦恼和不安，别为你无法控制的事情烦恼，别把牛奶洒了当作生死大事来对待，也别为一只瘪了的轮胎苦恼万分，既然已经发生了，就勇敢地去面对，你对待它的态度才是重要的。

与其抱怨，不如积极改变

在现实生活中，我们难免要遭遇挫折与不公正待遇，每当这时，有些人往往会牢骚满腹，希望以此吸引别人的注意力，引起更多人的同情。从心理学角度讲，这是一种正常的心理自卫行为。但这种自卫行为同时也是许多人心中的隐患，牢骚、抱怨会削弱责任心，降低工作积极性，这几乎是所有人为之担心的问题。

人生路上不可能一帆风顺，遭遇困难是常有的事。面对这些挫折时，许多人不是积极地去找方法化险为夷，而是一味地抱怨命运不公平。

萧明是一家汽车修理厂的修理工，从进厂的第一天起，他就喋喋不休地抱怨，"修理这活太脏了，瞧瞧我身上弄的""真累呀，我简直讨厌死这份工作了"等。他认为自己在受煎熬，在像奴隶一样卖苦力。因此，萧明只要稍有空隙，便偷懒耍滑，应付手中的工作。

转眼几年过去了，当时与萧明一同进厂的3个工友，各自凭着精湛的手艺，或另谋高就，或被公司送进大学进修，唯独萧明，仍旧在抱怨声中做着他讨厌的修理工。

像案例中的萧明一样，抱怨最终的受害者是自己。在现实世界中，有太多人虽然受过良好的教育，并且才华横溢，但在公司里却长期得不到提升，这主要是因为他们不愿意自我反省，总是怀疑环境，对工作抱怨不休。更重要的是，抱怨是拖延的前奏。一个人一旦开始抱怨，就会分散工作精力，如果陷入抱怨的深渊里，还会产生一种对抗心理，用消极怠工来宣泄自己的不满。这样，即使能及时完成的工作也寻找借口拖延，能完美解决的问题也留个小尾巴，故意刁难上司或同事。个人执行力的降低自然会影响到团队的执行力，整项工作就不可能按时完成。

一个人的发展往往会受到很多因素的影响，这些因素有很多是自己无法把握的，工作不被认同、才能不被重用、职业发展受挫、上司待人不公平、别人总用有色眼镜看自己……这时，能够拯救自己走出泥潭的关键是转变态度。无论遭遇什么样的环境、面对什么样的问题，都首先从自己身上寻找原因，抱怨没有任何意义。细心观察你就会发现，那些沉得住气，抱怨少、自我反省深刻的人总是能比其他人更有效地解决问题，而且问题对于这些人来说，不仅不是阻碍和累赘，往往还是通向成功的基石。

日本“经营之神”松下幸之助年轻时曾经在一家电器商店当过学徒，与他同时到这家店里帮工的还有另外两个学徒。开始时，3个人薪水很低，另两个学徒时常发些牢骚和抱怨，对工作日渐马虎。

松下幸之助以前从来没有做过电器方面的工作，这次到这家电器商店工作，面对着那么多的电子产品，他感到了自己的浅薄。他每天都比别人晚下班，用这些时间阅读各种电子产品的说明书。其他两个同事外出休闲的时候，他参加了电器修理培训班。他花了大量的时间学习电器知识，因为他决心成为这方面的行家。他的两个同事却嘲笑他，但这一切都无法阻止松下幸之助继续学习的决心。

终于，通过不懈努力，松下幸之助从一个对电器一窍不通的学徒变成了一个能够给顾客清楚明了地讲解电器知识的专家，并且还可以自己动手修理与设计电器。店主将一切都看在眼里，对松下幸之助的学习精神非常赏识，不久便让他由普通学员变成了正式员工，并且将店里的很多事情都交给他处理。这为松下幸之助以后的创业打下了坚实的基础。与此相反，他的两个同事因为一直没有学识上的进步，最终被商店解雇。

面对工作中的困难，松下幸之助没有抱怨，因为他知道，抱怨对他的前途没有半点益处，相反，他沉得住气，积极学习，通过踏踏实实的努力，终于在工作中守得云开见月明，为以后的成功奠定了坚实的基础。

在挫折与失败面前，我们需要的不是抱怨，而是沉住气，对自己的行为进行深刻的反省和剖析，培养自己行动迅速、思维灵敏的能力，就像野草丛生的地上能长出美丽的花朵，在满是失意的土地上，也能绽开美丽的成功之花。

面对烦恼，以乐观心态应对

一个人具有什么样的心态，他就可以成为一个什么样的人。事情往往就是这样，你相信会有什么结果，可能就会有什么结果。人有时可以通过改变自己的心境来改变人生。

人生不如意者十之八九。面对烦恼，我们要保持一份豁达的情怀，保持积极向上的人生态度，不计较一时的成败得失，以宽阔的胸襟、长远的眼光来看待世界。

有一位批发服装的商人，由于经营不善，赔了几笔生意。为此他整天心情郁闷，每天晚上都睡不好觉。

妻子见他愁眉不展的样子十分担心，就建议他去找心理医生看看。

医生见他双眼布满血丝，便问："怎么了，是不是受失眠所苦？"商人说："可不是嘛！"心理医生开导他说："这没有什么大不了的！你回去后如果睡不着就数数绵羊吧！"商人道谢后离开了。

过了一个星期，他又来找心理医生。他双眼又红又肿，精神更加不振了，心理医生非常吃惊地说："你是照我的话去做的吗？"商人委屈地回答说："当然是呀！还数到3万多只呢！"心理医生又问："数了这么多，难道还没有一点睡意？"商人答："本来是困极了，但一想到3万多只绵羊有多少毛呀，不剪岂不可惜。"心理医生于是说："那剪完不就可以睡了？"商人叹了口气说："但头疼的问题来了，这3万只羊毛所制成的毛衣，现在要去哪儿找买主呀？一想到这儿，我更睡不着了！"

有些时候，并不是烦恼在追着你跑，而是你追着它不放。世上本无事，庸人自扰之。大凡烦恼的人，实际上并不是遭遇了多大的不幸，而是自己的内心对生活的认识存在着片面性。真正聪明的人即使处在烦恼中，也能够自己寻找快乐。

伟大的心理学家阿德勒一生都在研究人类的潜能，他曾经宣称他发现了人类最不可思议的特性——"人具有一种反败为胜的力量"。这种力量是每个人都拥有的，如果你不满意自己的现状，想改变它，那么就改变你自己的心态，让它始终处在阳光下。如果你有了积极的心态，能够积极乐观地改善自己的环境，那么你周围所有的问题都会迎刃而解。

第一次世界大战时，汤姆森太太的丈夫到一个位于沙漠中心的陆军基地去驻防。为了能经常与丈夫相聚，她也搬到基地附近去住。

那地方实在可憎，她简直没见过比那更糟糕的地方。她丈夫出外参加演习时，她就只好一个人待在那间小房子里。那儿热得要命，连仙人掌阴影下的温度都非常高，没有一个可以谈话的人，而且风沙很大，到处是沙子。

汤姆森太太觉得自己倒霉透了，觉得自己很可怜，于是她写信给她父母，告诉他们她放弃了，准备回家，她一分钟也不能再忍受了，她宁愿去坐牢也不想待在这个鬼地方。她父亲的回信只有三行，后来这三句话常常萦绕在她的心中，并改变了汤姆森太太的一生：有两个人从铁窗朝外望去，一个人看到的是满地的泥泞，另一个人却看到满天的繁星。

她把父亲的这几句话反复念了多遍，忽然间觉得自己很笨，于是她决定找出自己目前处境的有利之处。她开始和当地的居民交朋友，他们都非常热心，当汤姆森太太对他们的编织和陶艺表现出极大兴趣时，他们会把那些舍不得卖给游客的心爱之物送给她。她开始研究各种各样的仙人掌，顶着太阳寻找土拨鼠，观赏沙漠的黄昏，寻找300万年以前的贝壳化石。

她发现的这片新天地令她既兴奋又刺激。于是她开始着手写小说，讲述她是怎样逃出了自筑的牢狱，找到了美丽的星辰。

是什么给汤姆森太太带来了如此惊人的变化呢？原因就在于她自己的改变。她改变了自己的消极观念，尝试发现生活中的美好，也正是这种改变使她有了一段精彩的人生经历。生活中一些困难或愿望得不到实现时，人难免会产生负面情绪。如果你不快乐，那么不妨仔细想一下，是不是那些悲观的念头像一张网一样缠绕了你的心灵？

历史的长河汹涌澎湃，短暂的几十年时间也不过是朵浪花而已。这样短暂的生命，我们是用来烦恼，把自己和烦恼牢牢捆绑在一起，还是轻松地面对输赢，以微笑面对挑战？答案似乎不言而喻。同样是生活，为什么要被烦恼囚禁，放不开手脚？即便踢球踢不过一般人，唱歌经常跑调，这又怎么样？谁说这样的人就不能踢球，就不能唱歌？

南宋刘克庄几百年前的声音还在耳边“旁观拍手笑疏狂，疏又何妨？狂又何妨”，所以还有什么好烦的，就让别人嘲笑去，你兀自享受你当下该享受的快乐。

把责骂当赞美是强者的体现

被人责骂时，我们一定会觉得不舒服，甚至会怨恨对方。其实，责骂并不是我们想象中那样总是带给我们伤痛，相反，它也能给我们益处。因为大多数人对我们的责骂，都是带着对我们的期望。

如果没有一番内心上的刺激，我们往往会变得懈怠，容易随波逐流。在经受了心灵上的打击之后，我们才会奋起直追，超越原来的自己。

从家庭主妇到身价千万元的网商，王燕就是被马云给骂出来的。

2006年，第六届网商论坛大会在成都举行，四川日香桂农业科技有限公司的总裁王燕作为阿里巴巴诚信通的会员，应邀参加大会。

王燕在会上听阿里巴巴董事局主席马云的演讲，讲演完后她抢过了话筒问道："任何成功的人都是从小事做起的，那么你是怎么从小事做起的？"马云反问："你是什么时候加入诚信通的？""已经两年时间了，可是里面的功能好多我到现在还没用过，有的也不会使用。"

马云听后，脸色微变，停了半秒说："你连游戏规则都没弄懂，就开始玩游戏，怎么能叫作从小事做起呢？"王燕听了，自尊心大受打击，她对自己说：你说我没弄懂，我偏要把它弄好。

于是，在以后的日子里，王燕不停地研究着网络的游戏规则，经常关注诚信通的论坛帖子，在这个商人云集的网站里，王燕在博名为"闻香拾女人"的博客里写起了散文，将自己从事日香桂种植的心得感受和网友分享，还开了各种专题，有些专题只字不提生意，只谈情感经历。每天几乎都有最新的博文上传到网上，几年来留下了数千篇博文。吸引了数以百万网友的眼球。2007年，王燕的博客"闻香拾女人"被阿里巴巴评为网商十大博客之一。王燕通过博客认识了很多圈内的好朋友，也通过这些渠道让更多的人了解了自己，了解了她的日桂香品牌。在诚信通这个网络交易平台上，王燕走得越来越好。

马云的责骂，激发了王燕的上进心，使得她不断努力，最终在事业上获得了成功。许多时候，心胸狭窄者把他人的责骂当成包袱，而豁达乐观者则会把它看作另类的"激励"，从责骂中提炼出自身的短处与缺陷，用责骂激励完善自我。

在被指责时，尤其是被自己的上级指责时，一定要沉住气、认真听，听完之后，还要面带笑容，以愉悦的口吻回应："是的，我已经知道了，您说得很中肯，我一定严格要求自己。"如果遇到责骂显出非常紧张不安的话，会让对方认为你心存反抗，他就会感到不舒服。如果你由于在众人面前被责骂而感到丢脸，这时，你要换个角度来想，就当他在培养自己、教育自己、帮助自己。

与人争辩是一场没有胜利的赌局

生活中，人们常会遇到一些专爱与人作对的人，对于那些与我们唱反调的人，我们应该采取什么样的态度呢？通常，大多数人会与对方展开辩论。其实这个时候，我们最好冷静思考，而不是以争辩的方式将他击败，使他投降。

“不服输”是人最常见的心理，所以遇到有争论的事情就想一争高下，其实这种做法是极不明智的。因为在你争辩的过程中，势必会想办法证明自己是对的，别人是错的。而一般情况下，没有人愿意听到别人对自己进行批评，所以即使我们说的是对的，对方也未必能够听得进去。

再者，争论的过程中，每一方都以对方为“敌”，试图以一己的观念强加于对方而根本不把对方的意见放在眼里，最终一定会伤害彼此之间的情感，引发很多不必要的误解。所以，在矛盾一触即发的时刻，不妨沉住气，先保留自己的意见，待双方都冷静下来的时候再谈也不迟。

一天，一位法师正要开门出去时，突然闯进一位身材魁梧的大汉，狠狠地撞在法师身上，把他的眼镜撞碎了，戳到了他的眼皮。那位撞人的大汉毫无羞愧之色，理直气壮地说：“谁叫你戴眼镜的？”

法师笑了笑没有说话。

大汉颇觉惊讶地问：“喂！和尚，为什么不生气？”

法师借机开示说：“为什么要生气呢？生气就能使眼镜复原吗？生气就能让身上不痛吗？倘若我生气，必然生起事端，就会造成更多的业障及恶缘，也不能把事情化解。若是我早些或晚些开门，就能够避免事情的发生，说到头来，其实我也一样有错。”

壮汉闻言非常感动，向大师拜了又拜，问了法师名号，便离开了。

后来有一天，法师收到壮汉的一封信，知道后者勤奋努力，找到一份很好的工作。因为能够以平和宽容之心待人处世，得到了他人的尊重和家人的爱惜，生活非常幸福。

如果故事中的法师因为壮汉的蛮横无理就攻击他，就不会避免纷争进而感化壮汉了。与人争辩，是一场没有胜者的赌局，尽量避免才是智慧的选择。

如果争论最终避无可避，则要注意说话的艺术。把自己的意见看成是绝对正确，而把别人的意见看成是愚蠢幼稚、荒诞不经是不可取的。即使我们不同意对方的意见，也要肯定对方意见中有我们赞同的看法，以便缓和谈话气氛，使对方觉得我们并不是无视他的意见。

无论我们与对方的意见和看法冲突得多么厉害，都不要表现出一种无可商量的态度。

在说话时，为了让别人有考虑的余地，我们要尽量缓和，最好能够避免使用“绝对是这样”的说法。我们可以说“有时候是这样的，有时候是那样的”，甚至可以说“大多数人都是这样的，其效果比别人那样要好”。更重要的是，我们不要用一种教训人的声调来说话，也不要用一种非常肯定的声调来讲话，以避免和别人争论，让人难以接受你。

第六章

心量有多大，成就就有多大

聪明的人懂得“吃亏是福”。吃亏是通观全局的眼光，是精明睿智的妥协，是不去争强斗狠的风度，是获得更大利益的基石。睿智的人具有包容的智慧。心胸有多大，事业就有多大。包容有多少，收获就有多少。

就平处坐，从宽处行

不论是想成就一番不平凡的事业，还是想快乐地度过平凡的一生，懂得包容都是一堂人生的必修课。

仇恨要比生气更伤神。产生这种情感的原因很多，有些是蜻蜓点水的无关痛痒，有些也许真的让人伤心欲绝，但有一点是相同的，那就是心怀仇恨的人，心里永远都是杂草丛生，他们的神经永远上了发条，紧张至极，快乐离他们很远。

仇恨的产生往往伴随着复仇的激情，一旦复仇成功，剩下的就是生命的空白。如果仇恨不能够得以释放就会畸形地延续下去，等待着有朝一日如山洪那样暴发，其毁灭性不可预测。

当然，面对仇恨我们也不是只能任其驱使，有这样一个哲理深刻的小故事：

古希腊神话中有一位大英雄叫海格力斯。

一天，他走在坎坷不平的山路上，发现脚边有个袋子似的东西很碍脚，海格力斯踩了那东西一脚，谁知那东西不但没被踩破，反而膨胀起来。海格力斯恼羞成怒，操起一根碗口粗的木棒砸它，那东西竟然长大到把路堵死了。

正在这时，山中走出一位圣人，对海格力斯说："朋友，快别动它，忘了它，离开它远去吧！它叫仇恨袋，你不侵犯它，它便小如当初；你若侵犯它，它就会膨胀起来，挡住你的路，与你敌对到底！"

海格力斯听了，不再理会那个袋子，不一会儿袋子恢复如初，道路也畅通了。

每个人都是一个独立的个体，都有自己的所需和所想，人与人之间难免会有些许摩擦、纠缠甚至是恩怨，任何让人不快的情绪也都可能成为心里的一层阴影，一个负担，一种痛苦。天长日久，怨气和痛苦不断地叠加成了人们心中的仇恨袋。触动它，它就会膨胀，而远离它，它就会慢慢淡化、消失。就像一根橡皮筋，仇恨不能过度地拉扯，否则它就会断掉，最疼的永远是不肯放手的一端。

宽容是一种修养和良好品质，是一种基本的处世方法和做人原则。许多事情本有不同的解决方式，仇恨使人元气大伤，宽容则给人多一分从容，也带来别样的人生。多一分宽容，世间就多一分平和，多一分纯净。

胸襟的大小可以丈量心胸的广度

为人处世，要有豁达大度的胸怀。豁达，即积极乐观；大度，即气量宏大。我们在处理人际关系时，要气量宽宏，能够容人。

从根本上说，豁达就是一个人宽广的胸怀。一个人倘若没有远大的生活理想和目标，其心胸必然狭窄，就像马克思所形容的那样：愚蠢庸俗、斤斤计较、贪图私利的人，总是看到自以为吃亏的事情。

2008年9月，美国大选正在如火如荼地进行，以奥巴马、拜登为候选搭档的民主党和以麦凯恩、萨拉·佩林为候选搭档的共和党，正在进行激烈的大选争夺战。双方阵营恨不得挖地三尺找出对方候选人的缺点和失误，以破坏对方在选民中的形象。

就在这个时候，有媒体曝出一个惊人事件：共和党副总统候选人佩林的17岁女儿未婚先孕。这个“丑闻”无疑会对佩林的形象给予致命一击，因为佩林一直反对早孕，一个连自己的孩子都管不好的候选人，如何去管理国家呢？

佩林本人和共和党陷入了危机之中，民主党的很多人士和支持者都认为这是上天赐予奥巴马阵营的一个宝贵机会，他们认为，只要奥巴马向佩林发出强烈抨击，就会在人气上再胜一筹。

这一天，在接受媒体采访时，很多记者问奥巴马同一个问题：“请问奥巴马先生，你就萨拉·佩林十几岁的女儿怀孕一事有何评价？”很多人以为奥巴马会在这时落井下石。不料，奥巴马只是轻轻地摇摇头微笑着说：“我想说的是，我妈妈18岁时便生下了我！”

奥巴马的表现令评论界一片哗然，就在政治评论家和分析师都目瞪口呆甚至扼腕叹息的时候，奥巴马的支持率却猛地拉升起来。据调查，很多中间选民开始倒向奥巴马，因为奥巴马宽宏的胸怀打动了他们，他们认为只有宽厚的人才能胜任美国的总统。

当政敌身处不利的境遇时，奥巴马并没有添油加火，相反还不惜牺牲自己的形象，帮其化解尴尬。

古语云“大度集群朋”。一个人若有宽宏的度量，他的身边就会集结起大群的知心朋友。大度表现为人际交往中能求同存异，以事业上的志同道合为交友基础；大度也表现为能听得进各种不同意见，尤其是能认真听取反对的意见；大度还表现为能容忍别人的过失，尤其是当别人和自己发生过不愉快时，能不计前嫌；大度更应表现为虚心接受批评，发现自己的过失便立即改正，和别人发生矛盾时，能够内省，而不文过饰非，推诿责任。大度者，能够关心人、帮助人、体贴人，责己严，待人宽。

西汉时的韩信，在年轻潦倒之时，曾受过“胯下之辱”。后来韩信被刘邦拜为大将，他不但没有杀这个人，反而赏之以金，委之以官，使其大受感动，不仅化解了私怨，最后还成了舍命保护韩信的勇士。韩信这种“以德报怨”的方法，比起有些人一感到被欺负就针锋相对、以牙还牙的做法来，实在要高明得多。

宽容引起的道德震动比惩罚更强烈

宽容比责罚更具有感化力量。能容天下者，方能为天下人所容。你若要彩虹，你就得宽容雨点。“宽以待人”既是一种待人接物的态度，更是一种高尚的道德品质，它能够化解人和人之间的许多矛盾，增强人和人之间的友好情感。

相传，秦穆公丢失了一匹心爱的骏马，后来在岐山下发现迹象时，马已经被当地农民吃了，吃马肉的有300余人。官吏要惩治他们，秦穆公不同意，对他们说："君子不以畜产害民，吾闻吃马肉不饮酒，会对身体健康有伤害。"便叫随从留下酒，让吃马肉的每一个人喝了酒，然后才放心离去。

后来，晋秦两国打仗，秦穆公被晋军包围，在即将被俘虏的危急时刻，一支生力军冲出把秦穆公救了出来，使秦军反败为胜，俘虏了晋惠公。原来这支生力军就是当年吃马肉的农民。

能宽恕者得人报。秦穆公宽恕食其骏马的农民，而得到他们拼死相救，传为千古美谈。宽容不仅是爱心的体现，而且是不可或缺的做人资本。从表面上看，它仅仅是选择了放弃报复，但实际上，这种选择需要巨大精神力量的支持，体现了必不可少的做人品质。

每个人处于社会中，都免不了要与他人打交道，有时难免会面对别人的刁难与挑衅，这时就应当宽厚容人，不过于苛求他人。

在美国的一家菜市场里，有个中国女人的摊位生意特别红火。邻近的几家摊贩心生嫉妒，每到收摊的时候，大家都将烂菜叶等垃圾堆到她的摊位前。但那位中国女人从来都不跟他们争执，反而一脸平静地将垃圾扫到自己摊位旁的角落里，收摊后再默默地打扫干净。

有一次，一位常来买菜的美国女人看不下去了，忍不住问道："他们都把垃圾扫到你这里，明摆着是欺负你，你为什么一点儿都不生气呢？"中国女人笑着说："在我们国家，每到过年的时候，大家都不会往外倒垃圾。家里的垃圾越多，来年就能够有更多的财富。你看，他们每天把垃圾扫到我这里，其实是在祝福我的生意越来越好。果然，你看，我的生意不是越来越好了吗？"那些嫉妒她的摊贩听后，立即羞愧不已。从此，他们的垃圾再也没有在她的摊位前出现。

这位中国女人面对旁人的嫉妒、刁难，没有以牙还牙，而是泰然处之，保持缄默，用与人为善的美德，宽恕了别人，同时也为自己营造了一个安宁的心境和融洽的人际环境。

英国诗人济慈说：“人们应该彼此容忍，每个人都有缺点，在最薄弱的方面，每个人都能被切割捣碎。”每个人都有弱点与缺陷，都可能犯下错误。所以，在遇到矛盾的时候，要心存宽容，只有宽容才是消除矛盾的有效方法，冤冤相报抚平不了心中的伤痕，只会将伤害者和被伤害者捆绑在无休止的争吵战车上。

学会宽容，对于化解矛盾，赢得友谊，保持家庭和睦、婚姻美满是至关重要的，同时，对你的工作也具有重要的推动作用。宽容是一种高贵的品质、崇高的境界和人生的大格局，是精神成熟、心灵丰盈的体现。

遇谤不辩，沉默地宽容

“大道不称，大辩不言，大仁不仁，大廉不谦，大勇不忮。道昭而不道，言辩而不及，仁常而不成，廉清而不信，勇忮而不成”。这句话的意思是说，至高无上的真理是不必称扬的，最了不起的辩说是不必言说的，最具仁爱的人是不必向人表示仁爱的，最廉洁方正的人是不必表示谦让的，最勇敢的人是从不伤害他人的。真理完全表露于外那就不算是真理，逞言肆辩总有表达不到的地方，仁爱之心经常流露反而成就不了仁爱，廉洁到清白的极点反而不太真实，勇敢到随处伤人也就不能成为真正勇敢的人。

是真理不必称扬，会做人不必标榜。真正有修养的人，即使在面对诽谤时也是极具君子风度地以坦然心境面对。古往今来，能做到这点的不乏其人，但能达到像白隐禅师那种境界的，则恐怕是凤毛麟角了。

有位修行很深的禅师叫白隐，无论别人怎样评价他，他都会淡淡地说一句：“就是这样吗？”

在白隐禅师所住的寺庙旁，有一对夫妇开了一家食品店，家里有一个漂亮的女儿，无意间，夫妇俩发现尚未出嫁的女儿竟然怀孕了。这种见不得人的事，使她的父母震怒异常。在父母的一再逼问下，她终于吞吞吐吐地说出“白隐”两字。

她的父母怒不可遏地去找白隐理论，但这位大师不置可否，只若无其事地答道：“就是这样吗？”孩子生下来后，就被这对夫妇送给白隐，此时，他的名誉扫地。但他并不以为然，只是非常细心地照顾孩子。他向邻居乞求婴儿所需的奶水和其他用品，虽不免横遭白眼，或是冷嘲热讽，但他总是处之泰然，仿佛他是受托抚养别人的孩子一样。

事隔一年后，这位未婚先孕的女孩，终于不忍心再欺瞒下去了，老老实实地向父母吐露真情——孩子的生父是住在同一幢楼里的一位青年。

她的父母立即将她带到白隐那里，向他道歉，请他原谅，并将孩子带回。

白隐仍然是淡然如水，他只是在交回孩子的时候，轻声说道：“就是这样吗？”仿佛不曾发生过什么事，即使有，也只像微风吹过耳畔，霎时即逝！

白隐为给邻居女儿以生存的机会和空间，代人受过，牺牲了为自己洗刷清白的机会，受到人们的冷嘲热讽，但是他始终处之泰然，只有平平淡淡的一句话——就是这样吗?

在现实生活中，口舌之交是人际沟通中最重要的一种方式。在这个沟通过程中，言来言去，难免有失真之语。诽谤就是失真言语中的一种攻击性恶意伤害行为。俗语云：明枪易躲，暗箭难防。在很多时候，诽谤与流言并非我们能够制止的，甚至有人群的地方就有流言。而我们对待流言的态度则显得尤为重要，正如美国总统林肯所说：“如果证明我是对的，那么人家怎么说我就无关紧要；如果证明我是错的，那么即使花十倍的力气来说我是对的，也没有什么用。”

当诽谤已经发生，一味地争辩往往会适得其反，不是越辩越黑便是欲盖弥彰。还是鲁迅先生说得好：沉默是金。的确，对付诽谤最好的方法便是保持沉默，让清者自清而浊者自浊，这才是明智的选择。

《新唐书》中有一则武则天与狄仁杰的故事：武则天称帝后，任命狄仁杰为宰相。有一天，武则天问狄仁杰：“你以前任职于汝南，有极佳的表现，也深受百姓欢迎，却有一些人总是诽谤诬陷你，你想知道详情吗？”狄仁杰立即告罪道：“陛下如认为那些诽谤诬陷是我的过失，我当恭听改之；陛下若认为并非我的过失，那是臣之大幸。至于到底是谁在诽谤诬陷，如何诽谤，我都不想知道。”武则天闻之大喜，推崇狄仁杰为仁师长者。

狄仁杰被认作是武周一代名臣，是很有道理的。俗话说：流言止于智者，真正有智慧的人是不会被流言中伤的。因为他们懂得用沉默来对待那些毫无意义的流言诽谤。鲁迅先生曾经说过“沉默是最好的反抗”，这种无言的回敬可使对方自知理屈，自觉无趣，获得比强词辩解更佳的效果。

为人处世，面对诽谤，只要自己心境坦荡，谣言诽谤自然不攻自破。

心路开，一切都开

大多数人一直以为，只要我们不原谅对方，就可以让对方得到一些教训，也就是说“只要我不原谅你，你就没有好日子过”。而实际上，不原谅别人，表面上是那人尴尬，其实真正倒霉的人却是我们自己，一肚子窝囊气，没多久就积出病来。这样看来，报复不仅不能实现对别人的打击，反倒摧残了自己的内心。

有一位好莱坞的女演员失恋了，对前男友的怨恨和报复心使她的面孔变得僵硬而多皱，她去找最有名的美容师为她美容。这位美容师深知她的心态，中肯地告诉她：“你如果不消除心中的怨恨，我敢说全世界任何美容师也无法美化你的容貌。”

面对痛苦与不公，不妨学着宽恕，忘记怨恨。与其咒骂黑暗，不如在黑暗中燃起一支明烛。忘记怨恨能让你告别过去的灰暗情绪，变得积极乐观起来。

生活中，我们难免与别人产生误会、摩擦。如果我们不能怀有一颗宽容之心，仇恨的种子便会悄悄成长，你的心灵就会背上报复的重负而无法获得自由。

1944年冬天，苏军已经把德军赶出了国门，成千上万的德国兵被俘虏。一天，一队德国战俘从莫斯科大街上穿过，所有的马路都挤满了人。他们每一个人，都和德国人有着一笔血债。

妇女们怀着满腔仇恨，当俘虏出现时，她们把手攥成了拳头。士兵和警察们竭尽全力阻挡着她们，生怕她们控制不住自己的怒气。

这时，最令人意想不到的事情发生了：一位上了年纪的苏联妇女，从怀里掏出一个用印花布方巾包裹的东西。里面是一块黑面包，她把它塞到了一个疲惫不堪的、几乎站不稳的俘虏的衣袋里。

她转过身对那些充满仇恨的同胞们说："当这些人手持武器出现在战场上时，他们是敌人。可当他们解除了武装出现在街道上时，他们是跟'我们'一样的人。"

于是，现场气氛变了。妇女们从四面八方一起拥向俘虏，把面包、香烟等各种东西塞给这些战俘。

仇恨是带有毁灭性的情感，它只会激化矛盾，酿成大祸。宽容的心却能轻易将恨意化解，让紧张的气氛化成温情脉脉。能将宽容之心给予敌对人，已经可以称得上圣人了，即便只是一个贫苦的老妇人，也完全担得起"伟大"两个字。

大智慧的人，不会对仇人恨之入骨。每个人站的角度不同，考虑的事情自然有所差异，而每个角度的出发点自有它存在的理由。我们应该学会宽容，站在对方的角度去考虑问题。设身处地地包容别人，其实也是在包容我们自己。

微小的让步有意想不到的大收获

当关系陷入僵局，各方互不相让时，人们通常会想起“忍一时，风平浪静；退一步，海阔天空”这句话。这里的“忍”和“退”其实就是让步，让步是一种人生智慧，它不是牺牲利益的单方付出，而是一种表达诚意的姿态。通过让步，不仅可以有效缓解冲突，甚至在某些时候，微小的让步也能有意想不到的大收获。例如，在谈判中，僵局的打破往往并不是因为有什么巨大的突破，只是一方先做出看似微不足道的让步，因表达了巨大的诚意，获得了对方的好感。这样很容易达成协议，签下合约。这是因为对绝大多数人来讲，一旦接受了对方的好处，哪怕仅仅是滴水之恩，也会觉得亏欠对方，过意不去，当对方再提出一些要求时，便难以拒绝。

从这个角度看，让步并没有真的失去什么，仅仅是姿态的转换，就得到了实质的好处，实在是一种智慧。表面上看，让步者似乎吃了亏，却换来他人情感上的亏欠，以及愿意尽快予以补偿的心情。这是很重要的一个砝码，因为人际天平已经开始向有利于让步者的方向倾斜。对此，国外心理学家曾做实验印证：

试验模拟谈判的环境，心理学家就某个问题分成三组同参与者进行谈判，结果令人大为震惊：当心理学家做出较大让步的时候，双方不仅没有达成协议，反而对方连最低的代价也不愿意付出；当心理学家做出与对方同等程度的让步时，双方仅在一个很小的范围内达成协议；当心理专家做出比参与者更加微小让步时，对方愿意付出更高的代价去达成协议。

这个结果乍看不可思议，仔细推敲之下会发现这正是很多人都会有的一种心理：在谈判过程中，如果一方突然大幅度做出让步，不会令对方喜出望外，尽快达成协议，反而会让人产生怀疑，以为开始是故意抬高条件，或者是东西有瑕疵才主动让步。相反，如果双方开始的时候僵持不下，经过长久的谈判、磨合，做出很小的让步，反而会让对方产生信任感和安全感，从而促进双方达成协议。

这就是心理学上著名的细小让步定律：想要快速赢得人心，有时只需做出细微的让步，效果却比做出较大的让步更加令人满意。

当然，并不是所有的微小让步都能达到预期目的，技巧把握不好也会收到适得其反的效果。这就要求人们对让步的时机、幅度及心态的把握和表达都要讲究一定的技巧与艺术。

1. 让步的时机选择

所谓让步的时机选择，其实就是应该何时做出让步的问题。让步是一个有舍才有得的过程，带有一定的目的性。这里的“舍”就是下一步钓鱼的诱饵，因而一定要舍在明处。不仅如此，还应该择机尽量明确地告诉对方有关自己的需要，这样对方才能及时准确地做出回应。如果此时保持沉默，可能让步换来的只是些并不需要的东西，因为对方不知道你的需求在哪里。还要注意的是，需求的暴露不能太早太直白，同时也不能太晚或太隐晦，分寸的把握往往在毫厘之间。

2. 让步的幅度

如同前面实验中提到的，让步的幅度不能太大，所谓细小让步定律就是用微小的让步换取数十倍的利益。让步过大或是无原则地妥协，并不会带来对方的信任，反而会让其产生疑问，开始怀疑合作的前提、基础，滋生出更多的不信任感。从这个角度来讲，让步不能过大，即使一次微小让步不能令对方满意，也可以采取细水长流的策略，缓慢地做出多次微小让步，但是一定不能做出一味妥协退让的姿态。除此以外，无论实质上让步的大小，在表达方面应该“放大”这种让步，渲染让步决定做出的艰难程度，让这个让步看起来更具价值。

3. 让步的方式把握

当双方意见冲突的时候，无论是拂袖离去，还是各执一词，都是下策。此时如果能在姿态上稍稍缓和，对对方的观点表示认同，平静、耐心地听对方说完，再针对性地介绍自己的观点，会比大家唇枪舌剑地乱吵一通效果更佳，或许对方会在理智思考后改变态度。

让步有策略也要有原则，需要让步的时候不要犹豫，不该让步的时候也要坚持到底，这需要具体问题具体分析。如果双方的基础即最初的条件是合理的、可接受的，那么此时的让步就具有实际意义，而且很可能加速合作的达成。相反，如果对方一直认为双方合作的基础是不负责任、没有根据的，那么即使让步和妥协也只能使对方更确信这种观点，此时或许唯有坚持，才能赢回信任。

让宽容成为身心愉悦的调节器

任何时候，宽容都要比计较能使自己更受益。澳大利亚畅销书作家安德鲁·马修斯说：“一个脚跟踩扁了紫罗兰，而紫罗兰却把香味留在那脚跟上，这就是宽容。”心中充满了宽容，就不会轻易发怒，不会让负面情绪占据我们的内心。

约翰和他的邻居原本和睦相处、关系融洽。一年夏天，约翰家院子里的树木长得枝繁叶茂，蜿蜒曲折的树枝蔓延到了邻居家的花园，遮住了邻居家花园的阳光。邻居对此非常恼火，多次劝说约翰砍掉树枝。约翰对邻居的建议充耳不闻，两家为此事发生龃龉。后来，邻居一气之下愤然把约翰家的树木主干砍掉了。约翰知道后，非常生气，跑到邻居家大吵一顿，两家从此以后不再来往。

就这样过了几年，两家谁都不愿意先低头，关系始终僵持着。直到一次，约翰正在花园除草，丝毫没有注意到一个醉汉驾驶着一辆车，正横冲直撞地向他驶来，而这一幕被邻居看在眼里，邻居大叫一声“快躲开”，约翰猛回头，已经来不及躲闪，车辆轧过约翰的双腿狂开过去，约翰顿时晕了过去。邻居迅速拨了急救电话，并赶紧报警。在救护车到达之前的时间里，邻居对约翰进行了紧急救护，做了简单的包扎。很快，约翰被送到医院进行了抢救。所幸，由于及时抢救，约翰保住了双腿。经过几个月的治疗、护理，约翰恢复了健康。如果没有邻居的及时帮助，后果不堪设想。他们一家对邻居非常感激。两家也就此抛开了以往的恩恩怨怨，重归于好。

面对生命的威胁，约翰的邻居没有选择漠不关心、等待悲剧的发生，在紧要关头，他的头脑里只有一定要救约翰的念头，最终他挽救了约翰的生命，也挽回了他们的友谊。人与人相处，矛盾、摩擦、冲突不可避免，我们要努力化解、懂得原谅。

英国著名历史学家、毕业于剑桥大学的特里维廉曾讲过一个发生在第二次世界大战期间的故事。

在第二次世界大战期间，一支英军与德军在森林中相遇，激战一夜后有两名英国士兵与部队失去了联系，这两名士兵来自同一个小镇。

两名英国士兵在森林中艰难跋涉，他们互相鼓励、相互安慰。十多天过去了，仍未与部队联系上。这一天，他们打死了一头鹿，依靠鹿肉又艰难度过了几天。可是整个森林除了一头鹿之外，他们再也没有看到过其他动物。他们仅剩下的一点鹿肉，背在年轻战士的身上。这一天，他们在森林中又一次与敌人相遇，经过再一次激战，他们巧妙地避开了敌人。就在自以为已经安全时，只听一声枪响，走在前面的年轻战士中了一枪——幸亏伤在肩膀上！后面的士兵惶恐地跑了过来，他害怕得语无伦次，抱着战友的身体泪流不止，并赶快把自己的衬衣撕下包扎战友的伤口。

晚上，未受伤的士兵一直念叨着母亲的名字。他们都以为熬不过这一关了，尽管饥饿难忍，可他们谁也没有动身边的鹿肉。天知道他们是怎么度过那一夜的。第二天，部队救了他们。

事隔多年，那位受伤的战士杰克说："我知道是谁开的那一枪，他就是我的战友。当时在他抱住我时，我碰到他发热的枪管。我怎么也不明白，他为什么会对我开枪？但当晚我就宽恕了他。我知道他想独吞我身上的鹿肉，我也知道他想为了他的母亲而活下来。接下来这么多年，我装作根本不知道真相，也从不提及。战争太残酷了，他母亲还是没能等到他回来。我和他一起祭奠了老人家。那一天，他跪下来，请求我原谅他，我没让他说下去。我们又做了几十年的朋友，我宽恕了他。"

如果当时这个中枪的士兵一直对对方想要杀害自己这件事耿耿于怀，并且立刻加以责难，那后果是不堪设想的——他可能最终会被战友再次开枪杀死。他的宽容不仅感化了对方，还挽救了自己。所以，有涵养的人，遇到让自己生气的事情，往往不是想方设法地打击、报复对方，而是沉住气，进行自我排遣，把自己的愤怒用不伤害任何人的方式发泄出去，让自己的心境平复。

生活在当下，我们需要宽容这一种可贵的品质，它是生存的智慧、生活的艺术，更是人生的境界。这种品质是人们在日常生活中不断砥砺品性，精神境界不断升华的结果。尤其是人们在经历了世事沧桑、人情冷暖之后，更会明白宽容他人的重要。

站在对方的角度看问题

人际交往中，当关系陷入僵局，各方争执不下时，我们没有必要把自己的想法强加给别人，而是应该沉住气，换位思考，学会从他人的角度思考问题。

站在对方的角度看问题，有利于营造和谐的人际关系。工作生活中，我们应学会以心换心的方式与人交往，甚至是在与自己的亲人交往时，也要站在对方的角度去考虑。

一位母亲在圣诞节带着5岁的儿子去买礼物。大街上回响着圣诞赞歌，橱窗里装饰着彩灯，盛装可爱的小精灵载歌载舞，商店里的玩具琳琅满目。

“一个5岁的男孩将以多么兴奋的目光观赏这绚丽的世界啊！”母亲毫不怀疑地想。然而她绝对没有想到，儿子呜呜地哭出声来。“怎么了，宝贝？”“我……我的鞋带开了……”母亲不得不在人行道上蹲下身来，为儿子系好鞋带。母亲无意中抬起头来，啊，怎么什么都没有？没有绚丽的彩灯，没有迷人的橱窗，没有圣诞礼物……原来那些东西都太高了，孩子什么也看不见！这是这位母亲第一次从5岁儿子目光的高度眺望世界。她感到非常震惊，立即起身把儿子抱了起来……

从此这位母亲牢记，再也不要把自己认为的“快乐”强加给儿子。“要站在孩子的立场上看待问题”，这位母亲通过自己的亲身体会认识到了这一点。

孩子看见的东西，母亲不一定能看到，而母亲能看到的东西，孩子不一定能看到。如果母亲放低身子或把孩子的目光抬高，那么彼此之间就会有不一样的感受。在与人交往中也要注意站在对方的角度看问题，如果把角色互换一下，就很可能轻松地打破僵局。

沟通大师吉拉德说：“当你认为别人的感受和你自己的一样重要时，才会出现融洽的气氛。”我们需要多从他人的角度考虑问题，如果对方觉得自己受到重视和赞赏，就会报以合作的态度。如果我们只强调自己的感受，别人就不会与我们交往。

有些人时常抱怨自己不被他人理解，其实，换个角度可能别人也有同样的感受。当我们希望获得他人的理解，想到“他怎么就不能站在我的角度想一想”时，我们应该自己先主动站在对方的角度思考，也许会得到意想不到的答案，许多矛盾、误会也会迎刃而解。

卡耐基有一个保持了多年的习惯，就是在他家附近的公园内散步。令他痛心的是，每一年树林里都会失火。火灾几乎全是那些到公园里野餐的孩子引起的。卡耐基决定尽自己所能改变这种状况，他威胁玩火的孩子叫警察把他们抓起来。卡耐基后来说当时他只是在发泄某种不快，根本没有考虑过孩子们的感受。那些孩子即使当时屈从了，等卡耐基一走，他们很可能又会玩火。

后来，卡耐基意识到必须换一种方式来和那些孩子沟通。他再次看到孩子们在树林里生火时，就微笑着问他们：“孩子们，你们玩得高兴吗？”后来，卡耐基和孩子们打成了一片。在与孩子交往中给他们灌输不要玩火的思想，比如：生火时要离枯叶远一点，不要在大风的天气中生火，等等。孩子们立刻就照做起来。

显然，卡耐基后面的做法效果大不一样，那些孩子很愿意合作，而且毫不勉强。事实证明，只要我们多考虑别人的感受，多从别人的角度看问题，即便是很尖锐的矛盾也能缓和下来。因此，如果你想得到别人的配合，应当真诚地从他们的角度来考虑。

用体谅温暖失落的心

一位哲人说过一番耐人寻味的话："天空收容每一片云彩，不论其美丑，故天空广阔无比；高山收容每一块岩石，不论其大小，故高山雄伟壮观；大海收容每一朵浪花，不论其清浊，故大海浩瀚无比。大海因为宽容，有了浩瀚的海面；大地因为宽容，有了世间的万物；高山因为宽容，有了茂密的森林；天空因为宽容，有了繁多的星星；宇宙因为宽容，有了众多的星系；人因为宽容，有了许多朋友。我宽容了，朋友自然就多了。"

现代生活中，面对他人的失败、挫折，一定不要去嘲笑他，哪怕他曾经伤害过你。如果他需要你的帮助，那么，比起报复，宽容是更好的选择。

在一个小镇上有一个出名的地痞，整日游手好闲，酗酒闹事，人们见到他唯恐躲避不及。一天，他醉酒后打伤了前来上门讨债的债主，被判刑入狱。

入狱后的地痞幡然悔悟，对以往的言行感到深深懊悔。

一次，他成功地协助监狱管理人员制止了一次犯人的集体越狱，获得减刑的机会。

地痞（原谅继续这样称呼他）从监狱中出来后，回到小镇上重新做人。他先是想找个地方打工赚钱，结果全被拒绝。食不果腹的他又来到亲朋好友家借钱，遇到的都是一双双充满不信任的眼睛，他那刚充满希望的心，开始滑向失望的边缘。这时，地痞少年时代的朋友听说了，就取出了100美元送给他，他接钱时没有显出过分的激动，他平静地看了一眼"昔日的朋友"后，消失在镇口的小路上。

数年后，地痞从外地归来。他靠100美元起家，苦命拼搏，终于成了一个腰缠万贯的富翁，不仅还清了亲朋好友的旧账，而且还领回来一个漂亮的妻子。他来到了昔日朋友的家，恭恭敬敬地奉上了200美元，然后，流着泪说道："谢谢你！你是我真正的朋友，是你的宽容之心和真诚的信任给了我站起来的勇气。"

从这个故事中我们可以发现，任何人即使曾经犯过天大的错误，只要他改过了，就应该得到人们的原谅。

宽容他人，信任他人，既是对人性的肯定，也是对他人的帮助，其意义超过了金钱的支援。人无完人，我们在为人处世中，应努力做到得理让人和宽容待人。

1863年1月8日，恩格斯怀着十分悲痛的心情，把妻子病逝的消息告诉了马克思。过了两天，他收到了马克思的回信。信的开头写道："关于玛丽的噩耗使我感到意外，也极为震惊。"接着，笔锋一转，就说自己陷于怎样的困境。往后，也没有什么安慰的话。

"太不像话了！这么冷冰冰的态度，哪像20年的老朋友！"恩格斯看完信，越想越生气。过了几天，他给马克思去了一封信，发了一通火，最后干脆写上："那就请便吧！"20年的友谊出现裂痕！看了恩格斯的信，马克思的心里像压了一块大石头那样沉重。他感到自己写那封信是个大错，而现在又不是马上能解释得清楚的时候。过了10天，他想老朋友冷静一些了，就写信认了错，解释了情况，表白了自己的心情。

马克思的退让、坦率和真诚，使友谊的裂痕得到了弥合。恩格斯在接到马克思的来信后，以欢快的心情立即回了信，并附上汇款。他在信中说："你最近的这封信已经把前一封信所留下的坏印象清除了，而且让我感到高兴的是，我没有在失去玛丽的同时再失去自己最好的老朋友。"

人与人之间最可贵的是站在对方的角度换位思考。生活中，每一个有缺陷的人都有他值得同情和原谅的地方。一个人的过错，常常不是他一个人造成的，应该对他多一些体谅。从对方的角度出发，你的宽容就可以温暖一颗失落的心，他也会把温暖传递给其他人。

理解是伟大的，它拉近了心与心之间的距离，增进了人与人之间的感情，避免了无意义的纷争。理解是一座舒心桥，只有理解别人，才能得到别人的理解。理解既给别人带去快乐，也让自己免受烦恼之苦，可谓利人利己。

第七章

戒了吧，那些贪婪与欲望

只有放得下，才能拿得起；只有有所舍，才能有所得；只有输得起，才能赢得了。不要感叹自己缺少什么，能够放弃自己所拥有的，才是真正有智慧、有担当的人。选择听从心的指引，唯有如此，才会懂得从长远利益着眼，综合整体或全局的得失利弊，以做出理智选择。

正确的选择胜于盲目的努力

“只要努力，就一定能做好”，是人们一直以来奉行的真理。但也有很多人有这样的不解：我也很努力，但是为什么我的生活还是一团糟？有的人会指责说这话的人还是态度有问题，不然真努力了，岂有做不好之理？

其实归根结底，并不是这些人不够努力，也并不是这些人不热爱自己正在做的事，而是他们做的事并不是最适合他们的。如果一开始就选错了，那么即使再努力也不会成功。换而言之，要想真正做得得心应手，首先要选择正确的目标和方向。

有两只蚂蚁想翻越一段墙，寻找墙那边的食物。一只蚂蚁来到墙脚就毫不犹豫地向上爬去，可是每当它爬到大半时，就会由于劳累、疲倦而跌落下来。但它并不气馁，一次次跌下来，又迅速地调整一下自己，重新开始向上爬去。

另一只蚂蚁通过观察，决定绕过墙去。很快地，这只蚂蚁来到食物前，开始享受起来，而另一只蚂蚁还在不停地跌落下去又重新开始。

第二只蚂蚁的成功之处就在于，它知道此路不通而绕路走。可见，正确选择胜过盲目努力。很多时候，成功除了需要勇敢、坚持之外，首要条件就是找到正确的方向。找到了正确的方向，成功或许来得更快。一个具有明确生活目标的人，会比一个根本没有目标的人更有作为。

找到正确的方向，首先要确立一个明确的目标。

很多人不清楚目标与方向的重要性，他们迷迷糊糊地上了高中，迷迷糊糊地选了专业，然后迷迷糊糊地上了大学，接着又是迷迷糊糊地参加工作，迷迷糊糊地结婚生子，这一辈子就在迷迷糊糊中度过。这样迷迷糊糊，没有目标与方向的人是永远不会成功的。

确立一个明确的方向，就要在做一件事情的开始时，先冷静地问一下自己：我究竟想干什么？想要的是什么？要知道即使是那些看起来很笨的人，在某些特定的领域也会具有杰出的才能。只有准确地定位自己，找到自己方向，才能在人生的十字路口做出正确的选择。

找到正确的方向，还要学会适时转弯。一条路走不顺畅，与其硬着头皮走下去，不如放弃原路，另寻一条路。

美国康奈尔大学威克教授做过这样一个试验：将一只敞口玻璃瓶的瓶底朝有光亮的一方，放进一只蜜蜂。蜜蜂在瓶口反复朝有光亮的方向飞。它左冲右突，努力了多次，都没有飞出瓶子。尽管这样，它还是不肯改变突围方向，仍旧按原来的方向去冲撞瓶壁。最后，它耗尽了气力，累死了。

接着，教授又放进了一只苍蝇。苍蝇也向着有光亮的方向飞，突围失败后，又朝各种不同方向尝试，最后终于从瓶口飞走了。

盲目地坚持，无法取得突破。要想改善生活，首先要学会改变思路。有时候，我们只要稍微变通一下思路，生命的前景、工作的效率就会大为改观。适时转弯，可以让我们走出固执的迷途，找到正确的方向。一个真正聪明的人，在此路行不通时，就该换条路走，反其道或侧其道而行。

为了实现自己的梦想，每个人都在努力。努力很重要，但是努力就一定会有一个好结果吗？不见得，有些人曾为工作绞尽脑汁，曾为工作夜以继日，但得到的结果是什么呢？他们的梦想像肥皂泡一样一个个地破灭，直到现在依然两手空空。成功者与普通人的不同之处在于前者往往做出了适合自己的正确选择，先找对方向，然后再去努力才能获得成功。所以那些心怀梦想的人们应该知道：选择不对，努力白费。在起航之前，一定要做出正确的选择。

任何时候都要杜绝盲从

大自然中有一种奇怪的虫子，叫列队毛毛虫。顾名思义，这种毛毛虫喜欢列成一支队伍行走。最前面的一只负责引导方向，后面的只管跟从。

生物学家法布尔曾利用列队毛毛虫做过一个有趣的实验：他用美食诱使领头毛毛虫围绕一个大花盆绕圈，结果其他的毛毛虫跟着领头的毛毛虫在花盆边沿首尾相连，形成一个圈。这样，整个毛毛虫队伍就开始不知止息地爬行，每个毛毛虫都可以是队伍的头或尾。每个毛毛虫都跟着它前面的毛毛虫爬呀爬，周而复始。就这样，时间一天天地过去了，遵守纪律的毛毛虫没有丝毫混乱，仍旧如此没头没脑地围着花盆兜圈子。连续7天7夜以后，它们终于饥饿难当，精疲力竭。有一大堆食物就在它们旁边，可是它们却都活活地饿死了。

法布尔在总结此次实验的时候，曾经写下这样一句话："在那么多的毛毛虫里，倘若有一只不盲从，它们就能够改变命运，告别死亡。"

毛毛虫的失误在于失去了自己的判断，只知道盲目跟从他人，从而进入了无限循环的怪圈。这种因为跟随而导致失败的现象被心理学家称为"毛毛虫效应"。其实，人们有些时候又何尝不是如此呢？可能有很多人会忍不住嘲笑那些毛毛虫的愚蠢，但是，实际上在人类社会中每天都在上演着像毛毛虫那样盲目跟从别人或者被习惯左右的事情。

盲从不但会令人养成惰性，还会麻痹人的创造能力，进而影响人们潜能的发挥。盲目跟随只会走向绝路，独辟蹊径才能拥抱人生的辉煌，让人生之路越来越长、越拓越宽。

在20世纪70年代，巴菲特做了一件令大多数人都无法想象的事情。由于受到当时经济普遍不景气的影响，《华盛顿邮报》处境堪忧，它就像一个身染重病的老人，每况愈下，连续的负面新闻掩盖了其曾经的辉煌，同时也掩盖了众多投资者的眼睛。他们都以为此时的《华盛顿邮报》已经病入膏肓，生命垂危了，于是，他们成群结队疯狂地抛售其股票。就当他们都在庆幸自己可以侥幸逃过一劫时，巴菲特竟然买下了《华盛顿邮报》大量的股份。

巴菲特如此愚蠢的行为让其他投资者感到荒谬至极，而此时，时间成了巴菲特最好的朋友，随着经济的普遍恢复，那个曾经被众多投资者都视为垃圾的《华盛顿邮报》，终于在沉默了几年之后焕发了生机。重整旗鼓的《华盛顿邮报》在美国传媒业界的地位无人撼动，它终究没有辜负巴菲特对它的厚望，以将近50亿美元的股价总额回报了当初曾对它施以援手的巴菲特。这似乎更加令那些曾经满脸鄙夷的投资者们无法想象。对此，巴菲特说："当你对自己的决定成竹在胸时，即使100个人当中有99个人会怀疑你的决定，当然这100个人包括你自己，你也要勇往直前，在这个过程中，你无须对此做出任何解释。"

"股神"巴菲特没有盲目随大流拒绝《华盛顿邮报》，也没有被那些反对声淹没，他始终坚持自己的选择，拒绝盲从的他终于笑到了最后。

坚持自己是自信也是力量，固有的思路和方法虽然更具成熟性和稳定性，可以更快捷地解决问题，但与此同时，它的消极影响更不容忽视，那就是容易使人们盲目运用特定经验和习惯，而放弃相信自己的观察和努力，结果浪费时间与精力，妨碍问题的解决。

在实际工作中，倘若我们总跟在他人后面走，看不清自己的方向，最后只能带来碌碌无为的结局。以积极的心态去认识自我，不急于求成，不盲目跟从，这样我们才能将自己的路走得更好。

不要让欲望超过你的能力范围

曾经有人说："欲望像海水，喝得越多，越是口渴。"欲望过多，不加节制，便成了贪婪。因为贪心，我们忽略了自己的弱点，不顾一切地去满足我们的欲望，当欲望的膨胀超过了人的能力范围，人们往往容易掉入堕落的深渊。

一个乞丐每天都在想，假如我有2万元就好了，我就可以变成普通人，不用再做乞丐。一天，这个乞丐无意中发现了一只很可爱的小狗，他见四周没人，便把狗抱回了他住的窑洞里，拴了起来。

这只狗的主人是本市有名的大富翁，富翁丢狗后十分着急，因为这是一只纯正的进口名犬。于是，就在当地电视台发了一则寻狗启事：如有拾到者请速还，付酬金2万元。

第二天，乞丐行乞时，看到这则启事，便迫不及待地抱着小狗准备去领那2万元酬金。可当他匆匆忙忙抱着狗又路过贴启事的地方时，发现启事上的酬金已变成了3万元。原来，大富翁寻不着狗，就电话通知电视台把酬金提高到了3万元。乞丐似乎不相信自己的眼睛，向前走的脚步突然间停了下来，想了想又转身将狗抱回了窑洞，重新拴了起来。第三天，酬金果然又涨了，第四天又涨了，直到第七天，酬金涨得让市民们都感到惊讶。乞丐这才跑回窑洞去抱狗，可想不到的是，那只可爱的小狗已被饿死了。

贪欲是人成功路上的障碍，因为它会自动成长、膨胀，最后喷薄而出时，就会炸伤自己，一切的荣誉、事业、成功也都将随之烟消云散。

一个人是否追求名利，往往取决于一个人的荣辱观。有人以出身显赫作为自己的标准，公侯伯爵，讲究“世家”“后裔”的身份；有的人则以钱财多寡为标准，所谓“财大气粗”“有钱能使鬼推磨”“金钱是阳光，照到哪里哪里亮”，以及“死生无命，荣辱在钱”“有啥别有病，没啥别没钱”等，这些俗语正揭示了以钱财多少划分荣辱的现状。

明末清初有一部书叫《解人颐》，对欲望做了入木三分的描述：

终日奔波只为饥，方才一饱又思衣。
衣食两般皆俱足，又想娇容美貌妻。
娶得美妻生下子，恨无田地少根基。
买到田园多广阔，出入无船少马骑。
槽头扣了骡和马，叹无官职被人欺。
当了县令嫌官小，又要朝中挂紫衣。
若要世人心满足，除是南柯一梦兮。

可见，人心不足蛇吞象，不是一句空言。做人如果不能控制自己的欲望，就会成为欲望的奴隶，最终丧失自我，被欲望所役。以家世好坏、钱财多少来划分荣辱誉毁的人，尽管具体标准不同，但其着眼点、思想方法并无二致。他们都是从纯客观、外在的条件出发，并把这些看成是永恒不变的财富，而忽视了主观的、内在的、可变的因素，导致了极端、片面的形而上学错误，结果吃亏的是自己。持这种荣辱观的身居要职者，往往会拼命地追逐名利，最终铤而走险，走向贪污、腐败的道路。

很多时候，当我们处在困窘的处境中，似乎会有更多的渴望，然而，太多不切实际的杂念，也往往是我们登上人生顶峰的最大阻碍。这时，如果你能够让你的心态平静下来，不受外界的干扰，那么你才更容易得到你想要的一切。

卸下包袱，抱持内心的简单

社会的飞速发展和生活水平的不断提升，让我们可以看到更多新奇的事物，获得更丰富的生活体验，但是这些也会刺激人心中的欲望不断生长。

心理学家研究证实，有的时候，生活得快乐与否与物质财富多少是没有多大关系的，一些对物质要求不高的人，也能够生活得非常快乐。

社会的共同心理让人们越来越看重物质是否丰富、外在形象是否光鲜，这种心理驱使着人们，使他们耗费大量精力和时间去争取让人艳羡的优越生活，甚至可以用健康和青春去交换。但是，我们却未曾注意到，在被物质左右和牵引着的时候，我们的内心也在日渐贫瘠和荒芜。我们不断给自己的人生加上厚重的背囊，为自己前进的路途平添了重重压力，在负重前行时根本没有幸福可言。

而另外一部分人，能够表现出真实的自我，他们重视内心的体验、快乐和幸福，认为只有这些美好的东西才会滋润人的心灵，让心灵免于枯萎。外在的虚荣对于他们来说是没有必要的，尽管没有那些浮华的装饰，他们也散发着自己的光彩。和饱受生活压力的人相比，他们神采奕奕、精神焕发，为了自己而快乐地活着，这才是有意义的人生。

无论是富有还是贫穷，我们都可以选择自己想要的生活，并努力过得舒适和快乐，就像心理学家所说的那样，有的时候，快乐和幸福与物质生活是没有关系的，如果被物质所束缚，我们就没有办法真正地活得轻松和幸福。

拿破仑曾经对圣海莲娜说过，“我一生中从未有过一天快乐的日子”。尽管他已经拥有了许多别人难以企及的东西——荣耀、权力、财富，他依旧无法快乐。

与之相反的是美国女作家海伦·凯勒，视力和听力的丧失并未使她消沉，她总能不断发掘生命中美好的部分。她说：“我发现生命是如此美好。”

月有阴晴圆缺，人有旦夕祸福。世事难测，每个人都会担心自己的人生突然遇到灾难和不幸，这种对未来的忧虑和恐惧使我们的内心充满了紧张感。但是，面对这些无法预测、无能为力的潜在危险，轻松地活在当下会比成日处在忧虑紧张状态中要快乐得多。

人生之路难免磕磕绊绊，受伤是不可避免的，但是，我们需要明白，没有什么挫折和困难是不可跨越的，也没有什么失败和打击是无法平复的。面对前进途中可能遇到的荆棘，我们需要用乐观的态度来自我调节，用轻松的心态来阔步前进，这样才能更顺利地走好人生路。

在关键问题上明确“舍得”

鱼与熊掌不可兼得，面临选择，我们必须学会放弃。放弃，并不意味着失败。像下围棋一样，小的利益虽然放弃，得到的却是更大的利益。但如果想兼得“鱼和熊掌”，恐怕连鱼也得不到。

在人生紧要处，在决定前途和命运的关键时刻，我们不能犹豫不决、徘徊彷徨，而必须明于决断，敢于放弃。法国艺术家杜拉斯曾说：“人之一生，不可能什么东西都能得到，总有可惜的事情，总有放弃的东西。不会放弃，就会变得极端贪婪，结果什么东西都得不到。”

父亲给正接受职校培训的孩子带来一则消息，某知名跨国公司正在招聘计算机网络员，录用后薪水很是丰厚，而且这家公司很有发展潜力，近些年新推出的产品在市场上十分走俏。孩子当然很想应聘，可在职校培训已近尾声，这要真的给聘用了，一年的培训就算白费了，连张结业证书都拿不上。因此，孩子犹豫了。

父亲笑了，说要和孩子做个游戏。他把刚买的两个大西瓜放在孩子面前。让他先抱起一个，然后，要他再抱起另一个。孩子瞪圆了眼，一筹莫展，抱一个已经够沉的了，两个是没法抱住的。

“那你怎么把第二个抱住呢？”父亲追问。

孩子愣神了，还是想不出招来。

父亲叹了口气：“唉，你不能把手上的那个放下来吗？”

孩子似乎缓过神来，是呀，放下一个，不就能抱上另一个了吗！

父亲于是提醒：“这两个总得放弃一个，才能获得另一个，就看你自己怎么选择了。”孩子顿悟，最终选择了应聘，放弃了培训。后来，他如愿以偿地成为那家跨国公司的职员。

机会稍纵即逝，如果这个孩子在机会面前犹豫不决，难以抉择，就会错过良机。所幸他在父亲的指导下顿悟，及时抓住了机遇。

舍弃是为了更好地选择、更好地生活，在人生的关键问题上，我们要懂得“舍得”。

由美国励志演讲者杰克·坎菲尔和马克·汉森合作推出的《心灵鸡汤》系列读本，这些年来被翻译成数十种语言，感动、激励了无数人。可是谁能想到在开始写作之前，马克·汉森从事的却是建筑业呢？

原来马克在建筑业经营彻底失败，自己也破产之后，果断地选择了放弃，选择彻底退出建筑业，并忘记有关这一行的一切知识和经历，甚至包括他的老师——著名建筑师布克敏斯特·富勒。他决定去一个截然不同的领域创业。

他很快就发现自己对公众演说有独到的领悟和热情，而这是个最容易赚钱的职业。一段时间之后，他成为一个具有感召力的一流演讲师。后来，他的著作《心灵鸡汤》和《心灵鸡汤2》双双登上《纽约时报》的畅销书排行榜，并保持数月之久。

马克果断舍弃之前的经验、人脉，找到了自己人生真正的航向。如果当初他不及时地进行选择的话，或许就不会有这个被大众熟知的马克了。

我们每个人都一样，在人生的历练中需要找到适合自己的位置，进行理智的选择。人生的获得和丧失，很多都无法由我们自己来左右。有些时候，坚持未必就是好事，或许舍弃才是对生活的明智选择。

过去的经验会束缚我们的认知

畅销书《荒漠甘泉》中说："我们一生最得意的纪念、最宝贵的经历、最可夸的胜利、最有效的侍奉，常会被后来的软弱、失败、灰心、冷淡、退缩等吞噬。许多成大事业的人，往往结局都是如此，想起也觉得可怕。虽然是事实，但并非无法避免。戈登说：'要避免这种悲剧，只有一个稳妥的方法，那就是时时与神有新鲜的接触。'"

有宗教信仰的人，会把希望寄托于神。可是不管是有神论者还是无神论者，都可能会遇到这样的难题，就是曾经的记忆禁锢了自己的思想，以前积累的经验没有帮助我们进步，反而限制我们朝着更好的方向发展。

古希腊的一位哲人在风烛残年之际，知道自己时日不多了，就想考验和点化一下他那位平时看来很不错的助手。他把助手叫到床前，说："我的蜡所剩不多了，得找另一根蜡接着点下去，你明白我的意思吗？"

"明白，"那位助手赶忙说，"您的思想光辉是得很好地传承下去……"

"可是，"哲人慢悠悠地说，"我需要一位最优秀的传承者，他不但要有相当的智慧，还必须有充分的信心和非凡的勇气……你帮我寻找一位好吗？"

"我一定竭尽全力。"

哲人笑了笑。

那位忠诚而勤奋的助手，不辞辛劳地通过各种渠道开始四处寻找。可他领来一位又一位候选者，都被哲人一一婉言谢绝。一次，当那位助手再次无功而返时，病入膏肓的哲人硬撑着坐起来，说：“真是辛苦你了，不过，你找来的那些人，其实都不如……”

“我一定加倍努力，”助手恳切地说，“找遍五湖四海，也要把最优秀的人选挖掘出来。”哲人笑笑，不再说话。

半年之后，哲人眼看就要告别人世，最优秀的人选还是没有眉目。助手非常惭愧：“我真对不起您，令您失望了！”

“失望的是我，对不起的却是你自己。”哲人很失意地闭上眼睛，停顿了许久，才又不无哀怨地说，“本来，最优秀的就是你自己，只是你被以前的经验蒙蔽了双眼，不敢相信自己，才把自己给忽略了……其实，每个人都是最优秀的，差别就在于如何认识自己、如何发掘和重用自己……”一代哲人就这样永远地离开了他曾经深切关注着的世界。

那位助手后悔莫及，以致自责了整个后半生。

这位助手一直用过去形成的经验来评价自己，所以他丧失了一次很好的机会。

在生活中，有很多人会犯相同的错误。我们都习惯用过去的事情来评定自己，比如过去曾把一件事情做得很好，那么再次遇到同样的事情，就以为凭借原来的经验也可以做得很好；过去没尝试过的东西或者曾经失败的事，再次面对的时候就觉得自己不行……过去的思维总是限制着我们重新认识自己，所以那些老经验并不一定总是有利于我们以后的发展。有利的，我们要发扬，但是对于那些可能阻碍未来发展的经验，我们就要大胆地摒弃。

第八章

推倒思维里的墙，突破自己

识时务者为俊杰，自古雄才大略之人皆能顺应时势而成大事。有智慧的人能够冷静地审时度势，理智地进退，在瞬息万变的社会中把握机遇，扬长避短，借势而起，从而拥有辉煌的成就。

变通：走出人生困境的锦囊妙计

变通是一种智慧，在善于变通的世界里，不存在困难这样的字眼。再顽固的荆棘，也会被变通者用变通的方法拔起。

变通，是一种灵活处事的方法。一个人，如果不懂得变通，固守自己的一方水土，只会把自己逼入死角。

20世纪60年代中期，杜德拉在委内瑞拉的首都拥有一家很小的玻璃制造公司。可是，他并不满足于干这个行当，他学过石油工程，认为石油是个赚大钱和更能施展自己才干的行业，他一心想跻身于石油界。

有一天，他从朋友那里得到一则信息：阿根廷打算从国际市场上采购价值2000万美元的丁烷气。得此信息，他充满了希望，认为跻身于石油界的良机已到，于是立即前往阿根廷活动，想争取到这笔合同。

到达阿根廷后，他才知道英国石油公司和壳牌石油公司两个老牌大企业早已在频繁活动了。这是两家十分难以对付的竞争对手，更何况自己对经营石油业并不熟悉，资本又不雄厚，要成交这笔生意难度很大。但他并没有就此罢休，他决定采取变通的迂回战术。

一天，他从一个朋友处了解到阿根廷的牛肉过剩，急于找门路出口外销。他灵机一动，感到幸运之神到来了，这等于给他提供了同英国石油公司及壳牌公司同等竞争的机会，对此他充满了必胜的信心。

他旋即去找阿根廷政府。当时他虽然还没有掌握丁烷气的买入深道，但他确信自己能够弄到，他对阿根廷政府说："如果你们向我买2000万美元的丁烷气，我便买你2000万美元的牛肉。"当时，阿根廷政府想赶紧把牛肉推销出去，便把购买丁烷气的投标给了杜德拉，他终于战胜了两个强大的竞争对手。

投标争取到后，他随即飞往西班牙，筹办丁烷气。当时西班牙有一家大船厂，由于缺少订货而濒临倒闭。西班牙政府对这家船厂的命运十分关切，想挽救这家船厂。

这一则消息，对杜德拉来说，又是一个可以把握的好机会。他便去找西班牙政府商谈，杜德拉说："假如你们向我买2000万美元的牛肉，我便向你们的船厂订制一艘价值2000万美元的超级油轮。"西班牙政府官员对此求之不得，当即拍板成交，马上通过西班牙驻阿根廷使馆，与阿根廷政府联络，请阿根廷政府将杜德拉所订购的2000万美元的牛肉，直接运到西班牙来。

杜德拉把2000万美元的牛肉转销出去之后，继续寻找丁烷气。他到了美国费城，找到太阳石油公司，他对太阳石油公司说："如果你们能出2000万美元租用我这条油轮，我就向你们购买2000万美元的丁烷气。"太阳石油公司接受了杜德拉的建议。从此，他便打进了石油业，实现了跻身于石油界的愿望。经过苦心经营，他终于成为委内瑞拉石油界的巨子。

杜德拉是具有大智慧、大胆魄的商业奇才。这样的人能够在困境中变通地寻找方法，创造机会，将难题转化为有利的条件，从而从激烈的竞争中脱颖而出。美国一位著名的商业人士在总结自己的成功经验时说，他的成功就在于他善于变通，他能根据不同的困难，采取不同的方法，最终克服困难。

对于善于变通的人来说，世界上不存在困难，只存在暂时还没想到的方法。

高歌猛进与功成身退

"进"与"退"都是处世行事的技巧，是"圆"。是进是退都有章法，该进的时候不进会失去机遇，该退的时候不退会惹来灾祸。

依方圆之理行进退之法有一层意思，就是妥当地进退。"进"不张扬，直奔要害；"退"不委屈，妥善收场。既能功成名就，又能远灾避祸。

世间一切事物都在不断变化，时世的盛衰和人生的沉浮也是如此，必须待时而动，顺势而为。这就意味着，为人处世要精通时务，懂得“高歌猛进”和“功成身退”的道理。

在古代，有不少真正的权谋家都懂得“功成身退”的道理，在实现夙愿之后，适时而退，避开了灾祸。

春秋时期，吴越争雄，越国范蠡在越王勾践身为人奴之时，鼎力效忠。在忍耐了漫长的屈辱之后，越王勾践终于得以东山再起，一举灭掉了吴国，重建越国。而立下赫赫功劳的范蠡在庆功宴上，却悄悄地离开了。

临走前，他曾托人送过一封信给他的好友文种，信上说：“狡兔死，走狗烹；敌国灭，谋臣亡。越王这个人能容忍敌人的欺负，可不能容下有功的大臣。我们只能够同他共患难，却不能同他共安乐。你现在不走，恐怕将来想走也走不了了。”可惜，文种没有听其劝告，最后被勾践逼死。临死时文种对天长叹，痛悔自己没有听范蠡的话，而落得被杀的结局。

与文种相反，范蠡弃官经商，改名换姓，跑到齐国去了。几年后，他成为大富翁，后人称其为商圣陶朱公。

范蠡和文种的一退一进，正好说明了“退”的重要性。范蠡的“退”，为自己创造了更好的机会，而文种的“进”，其结果却是死路一条。

荀子说，人生如果到了如《诗经》中所说的“左之左之，君子宜之；右之右之，君子有之”，即“往左，你能应付裕如；往右，你能掌握一切”这样的境界，就不枉为人了。

漫漫人生路，有时退一步是为了跨越千重山，或是为了破万里浪；有时低一低头，更是为了昂扬成擎天柱，也是为了响成惊天动地的风雷。低一低头，即便今日成渊谷，即便今秋化作飘摇的落叶，明朝也足以抵达珠穆朗玛峰的高度，明春依然会笑意盎然，傲视群雄。

为下一次出击留出缓冲

世间之事，有些贵在神速，有些则需放慢脚步，有时甚至需要回过头向后退一步。“缓兵之计”中的“缓”就是后退的意思。后退是一种暂时的妥协，并不是怯懦，而是调整，是要为下次的进攻赢得时间。

汉惠帝六年，相国曹参去世。陈平升任左丞相，安国侯王陵担任右丞相，位在陈平之上。

王陵、陈平并相的第二年，汉惠帝死，太子刘恭即位。少帝刘恭还是个幼儿，不能处理政事，吕太后名正言顺地替他临朝，主持朝政。

吕太后为了巩固自己的统治，打算封自己娘家的侄儿为诸侯王，她首先征询右丞相王陵的意见。王陵性情耿直，直截了当地说：“高帝（刘邦的谥号）在世时，杀白马和大臣们立下盟约，非刘氏而王，天下共击之。现在立吕姓之人为王，违背高帝的盟约。”

吕后听了很不高兴，转而征询左丞相陈平的看法。陈平说：“高帝平定天下，分封刘姓子弟为王，现在太后临朝，分封吕姓子弟为王也没什么不可以。”吕后点了点头，十分高兴。

散朝以后，王陵责备陈平为奉承太后愧对高帝。听了王陵的责备，陈平一点儿也没生气，而是真诚地劝了王陵一番。

陈平看得很清楚，在当时的情况下，他根本不可能阻止吕后封诸吕为王，只有保住自己的官职，才能和诸吕进行长期的斗争。因此，眼前不宜触怒吕后，暂且迎合她，以后再伺机而动，方为上策。

事实证明，陈平采取的斗争策略是高明的。吕后怨恨直言进谏的王陵不顺从她的旨意，假意提拔王陵做少帝的老师，实际上夺去了他的相权。

王陵被罢相之后，吕后提陈平为右丞相，同时任命自己的亲信辟阳侯审食其为左丞相。陈平知道，吕后狡诈阴毒，生性多疑，栋梁干臣如果锋芒太露，就会因为震主之威而遭到疑忌，导致不测之祸，他必须韬光养晦，使吕后放松对自己的警觉，才能保住自己的地位。吕后的妹妹吕嬃因陈平当初替刘邦谋划擒拿她的丈夫樊哙而多次在吕后面前进谗言：“陈平做丞相不理政事，每天老是喝酒，和侍女玩乐。”

吕后听人报告陈平的行为，喜在心头，认为陈平贪图享受，不过是个酒色之徒。一次，她竟然当着吕媭的面，和陈平套交情说：“俗话说，妇女和小孩子的话，万万不可听信。您和我是什么关系，用不着怕吕媭的谗言。”

陈平将计就计，假意顺从吕后。吕后封诸吕为王，陈平无不从命。他费尽心机固守相位，暗中保护刘氏子弟，等待时机恢复刘氏政权。

公元前180年，吕后一死，陈平就和太尉周勃合谋，诛灭吕氏家族，拥立代王为孝文皇帝，恢复了刘氏天下。

实力悬殊的情况下，“以卵击石”并不是明智之举。所以，行事万不可冲动。在“大兵压境”时，可先暂时采取某种保守后退的姿态，在保守、后退中创造条件、积蓄力量。此时，保全实力无疑是最重要的，即便受点委屈，也未尝不可。待到条件和力量具备、时机成熟时，再“发起进攻”，就好像拳击比赛中运动员先将拳头向后缩回，不是懦弱逃避，而是为了更有力地挥拳出击。

留有余地，才能从容转身

探戈是一种讲求韵律节拍，双方脚步必须高度协调的舞蹈。探戈好看，但要跳好探戈绝非一件轻而易举的事，很多高手均需苦练数年才能练就炉火纯青的舞技。处世与跳探戈，有着许多异曲同工之处。亲子、朋友、同事、上下级之间，如果能用跳探戈的方式相处，彼此协调，知进知退，通权达变，人与人之间就能和睦相处，其乐融融。

人生是一场华丽的舞会，聪明人往往选择跳探戈，自始至终保持着优雅奔放、进退自如的姿态。做事亦是如此，聪明人明白事不可做绝，凡事留三分薄面给他人。当时看也许自己吃亏了，但是自己脚下却多了七分余地。所以佛家要人心存厚道，多讲人好话，多给人留情面。

据《桐城县志略》和姚永朴先生的《旧闻随笔》记载：清康熙时，文华殿大学士、礼部尚书张英家人世居桐城，其府第与一吴姓人家为邻，中间有一条属于张家的空地，向来作为过往通道。后来吴氏建房子想越界占用，张家不服，张吴两家遂发生纠纷，闹到县衙。因两家同为显贵望族，县令左右为难，迟迟不予判决。

张英家人见有理难争，遂驰书京都，向张英告状。张英阅罢，认为事情简单，便提笔挥毫，在家书上批诗四句："千里修书只为墙，让他三尺又何妨。万里长城今犹在，不见当年秦始皇。"张家得诗，深感愧疚，毫不迟疑地让出三尺地基。吴家见状，觉得张家有权有势，却不仗势欺人，深感佩服，于是也效仿张家向后退让三尺。于是，形成了一条六尺宽的巷道，名曰"六尺巷"。两家此举也成为美谈。

留三分余地给人，自己也因此从中受益。让出一堵墙，却换来了两家人融洽的关系，何乐而不为呢?

在工作与生活中，我们要与各种各样的人打交道，难免会出现磕磕碰碰。有人说只要有人的地方，就会有争斗。如果在争斗的时候只顾及自己的利益而伤害他人，最终只会伤及己身。

一个青年到河边钓鱼，遇到一捕蟹老人，身背一个大蟹篓，但没有盖上盖。他出于好心，提醒老人说："大伯，你的蟹篓忘了盖上。"

老人回头看了他一眼，微微一笑："年轻人，谢谢你的好意。不过你放心，蟹篓可以不盖。要是有蟹爬出来，别的蟹就会把它钳住，结果谁都跑不掉。"

那一篓互相钳制的螃蟹是否想到，钳住别人也就堵住了自己的出路?这启示我们：事不可做绝，凡事给人留三分余地，自己也能留有余地，才能从容转身。

遇事，我们要沉住气，多审视形势的动态发展，对未来情况做出尽可能精确的判断，留点余地，自己才能进退从容。

转换角度，在思路中找出路

当我们遇到障碍，经过努力仍然没有进展的时候，就要沉住气，冷静地想想是不是可以从其他角度来解决这一问题。换个角度去思考问题，往往能发现机遇，往往柳暗花明。

杨亮是一家大公司的高级主管，现在他面临一个两难的境地：一方面，他非常喜欢自己的工作，也很喜欢工作带来的丰厚薪水——他的位置使他的薪水只增不减；另一方面，他非常讨厌他的上司，而且已经到了忍无可忍的地步。经过慎重思考之后，他决定去猎头公司重新谋求一个别的公司高级主管的职位。猎头公司告诉他，以他的条件，再找一个类似的职位并不费劲。

回到家中，杨亮把他的计划告诉了妻子。他的妻子是一名教师，那天刚刚教学生如何重新界定问题，也就是换一个角度考虑问题，不仅要跟以往看这问题的角度不同，也要和其他人看这问题的角度不同。她把上课的内容讲给了杨亮听，杨亮听了妻子的话后，一个大胆的主意在他脑中浮现了。

第二天，他又来到猎头公司，这次他是请猎头公司替他的上司找工作。不久，杨亮的上司接到了猎头公司打来的电话，请他去别的公司高就，尽管他完全不知道这是他的下属和猎头公司共同努力的结果，但正好这位上司对自己现在的工作也厌倦了，所以没有考虑多久，就接受了这份新工作。

让人意想不到的是，由于上司的离职，空出来的职位由杨亮接任了。

在这个故事中，杨亮本意是想替自己找份新工作，以躲开令自己讨厌的上司。但他的妻子让他懂得了如何从不同的角度考虑问题，结果，他不仅仍然干着自己喜欢的工作，而且摆脱了令自己烦恼的上司，还得到了意外的升迁。

作为有理想、有抱负的现代人，我们应努力培养自己突破创新的能力。这就需要我们在平常的工作生活中，不断搜集各种信息，对于身边发生的事情，能从不同角度去思考，发掘一切机会，这样才有可能在自己的工作和事业上开创出新局面。

顺势而变，打破思维定式

“事有可为不可为，知其理而为之谓之明智，反之则为愚蠢”。也就是我们常说的顺势者昌，逆势者亡。一个人必须见机行事，要善于打破思维定式。

所谓打破思维定式，就是懂得变通，从而让自己更容易走向成功。改变不了过去，但可以改变现在；想要改变环境，就必须改变自己。我们每天面对层出不穷的矛盾和变化，是以不变应万变，还是采取灵活机动的变通方式应万变，这是我们需要确立的一种做人做事的态度。

被司马迁在《史记》中称为“汉家儒宗”的叔孙通能历经两朝四帝而独得宠信，就是因为他能根据当时的形势，审时度势，随时改变自己的策略，随风转舵，善于变通，化不利为有利，所以他在历史动荡中一直占有一席之地。

但如果凡事都照搬教条，而不知随机应变，那就难免失策。

战国时代，施氏和孟氏两家是邻居。施家有两个儿子，一个儿子学文，一个儿子学武。学文的儿子去游说鲁国的国君，阐明了以仁道治国的道理，鲁国国君重用了他。那个学武的儿子去了楚国，那时楚国正好与邻邦作战，楚王见他武艺高强，有勇有谋，就提升他为军官。施家因两个儿子显贵，满门荣耀。

施氏的邻居孟氏也有两个儿子长大成人了。这两个儿子也是一个学文，一个学武。孟氏看见施氏的两个儿子都成才，就向施氏讨教，施氏向他说明了两个儿子的经历。孟氏记在心里。

孟氏回家以后，也向两个儿子传授机宜。于是，他那个学文的儿子就去了秦国，秦王当时正准备吞并各诸侯，对文道一点也听不进去，认为这是阻碍他的大业，就将这人砍掉了一只脚，逐出秦国。他学武的儿子到了赵国，赵国早已因为连年征战，民困国乏，厌烦了战争，这个儿子的尚武精神引起了赵王的厌烦，砍掉了他的一只胳膊，也逐出了赵国。

善于运用自己的头脑，随着环境的变化而变通，才能跟上时代，成为适应时代需求的人。生活中，困境、问题并不可怕，只要心在转，头脑在转，则遍地都是金子，处处皆有出路。

吴士宏，以初中文凭和成人高考英语大专的文凭应聘IBM，面对“会不会打字”的拷问，顺势应承，得到机会后则不断努力，尽力为之。在这里，蕴含了吴士宏善于洞察考官心态的智谋，“会不会”只是一个衡量标准，能否快速适应变化，担当胜任才是最关键的因素。

吴士宏先后成为IBM华南区的总经理，微软（中国）有限公司总经理，TCL集团常务董事、副总裁，被尊为“打工皇后”。

社会形势瞬息万变，每天都在演绎着“优胜劣汰，适者生存”的戏码。吴士宏正是运用“顺势而为”之道，才过五关斩六将，最终脱颖而出。她的成功，向我们展示了一条生存的黄金法则——穷则思变，变则通。

那么怎样运用“变通”的智慧呢？

首先，无论是谁，在工作中一定会碰到许多走不通的路，在这个时候，应当及时调整方向。正所谓“选择不对，努力白费”，发现走错了路赶紧回头，检查其原因，调整原来的方向。伟大的科学家牛顿早年曾是永动机研究的追随者，在进行了大量失败的实验之后，他很明智地退出了对永动机的研究，在力学研究中投入了更多精力。最终，许多永动机的研究者默默而终，牛顿却因摆脱了无谓的研究，而在其他方面脱颖而出。

其次，换个角度考虑问题。在这个日新月异的时代，一味地苦干蛮干不如打破自己的思维定式，沉住气，冷静地用开放的心胸学习别人的新思想，才不会在错误的道路上一根筋走到黑。

最后，我们做事多准备几套方案，这套不行，另一套马上跟上，有备则无患。

第九章
藏拙示弱，让人看不透你

聪明人大都锋芒内敛，以装糊涂——藏拙的办法保全自己并伺机而动。但藏拙并不意味着抱残守缺，不思进取，而是将长处发挥到极致，一步步走向成功。

人前示弱，内心里挺起腰杆

锋芒毕露，往往是大智慧者嗤之以鼻的行为。如名声高会令旁人尤其是居上位者不安，自己的力量又不足以应对这些危险，只能为自己招致祸端。要学会藏锋露拙，人前示弱，变成“矮墙”才能使自己稳立而不被众人“推倒”。

东晋末年，桓玄为楚王，他有篡位的野心，而建武将军、彭城内史刘裕也胸怀大志，不是甘心久居人下之辈。桓玄的堂兄卫将军桓谦私下问刘裕说：“大家一致推崇楚王的功勋和德行，认为朝廷应该把帝位让给他，你认为呢？”

刘裕内心本是十分反对桓玄的，但口头上却回答说：“楚王是宣武（桓温）的儿子，若论勋德，可没有人能比得上他。晋朝早就衰微不堪了，谁眼里还有他们？楚王如果接受禅让，那真是上应天命，下顺人情，有什么不可以的呢？”桓谦听后，很高兴地说：“既然你说是可以的，那当然是很可以的了。”

刘裕虽然表面装傻，但很清楚桓谦的问话明显是对他进行的试探。他在桓玄等人面前极力示弱，并且展现出一副忠心耿耿的样子，背后却紧锣密鼓策划反对桓玄的整套行动计划。

元兴三年（公元404年）二月的一天清晨，刘裕以外出游猎为名，率领何无忌、檀道济等人，出其不意地发动袭击，杀掉了桓玄。桓玄到死都没认识到刘裕这个不足以对他构成一丝威胁的人，竟是其心腹大患。

刘裕的低调和暂时隐藏实力无疑是一种高明的斗争策略——在自己暂时力量薄弱、时机不成熟的情况下，不得不采取的谦退策略。以自己一时的隐忍换取对方的松懈，从而使己方避凶化吉，然后再逐渐壮大自己的势力，进而制伏对方。

人皆有同情弱者之心，以弱赚取同情在有些时候也能征服人心。而显示出自己弱于对方的一面，就能有效地避免对方的戒备和争斗，兵法有云：不战而屈人之兵，乃善之善者也。

如果你暂时没有力量、没有把握与对手抗衡，一定要谨记下列示弱原则：

1. 姿态放低

切勿把自己当“猛虎”，更不可让别人认为你是“猛虎”，否则连周围的朋友都因怕被你“欺负”而对你有所顾忌。

2. 才干暂隐

切勿太张扬，应慢慢展露才华，消除他人戒心，才不会引起抗拒。

3. 广结善缘

“人和”是此阶段最重要的一件事，和大家打成一片，不但可获助力，也可察知他们彼此之间的利害关系及矛盾。

当你处于弱势地位的时候，不要为了所谓的荣誉而争斗，而要适时放下面子，内心却要清明挺直，为达成目标东山再起、卷土重来而谋划，这样才是弱者的生存之道。

必要时得让自己犯错

“众人皆浊我独清”是一种非常危险的状态，没有人乐意让一个“异己”分子长久地立于身侧。善于处世的人，常常故意在明显的地方留一点儿瑕疵，这样一来，尽管你出人头地，木秀于林，别人也不会对你敬而远之。一旦人们发现“原来你也有错”，反而会愿意主动与你亲近。

一位好莱坞知名演员在进影棚演出之前，他的朋友提醒他，纽扣上下扣反了。他低头看了看，连声向朋友道谢并赶紧扣好纽扣。可等他的朋友走开以后，他又把纽扣上下重新反扣。一个年轻人正好瞧见这一过程，便不解地问他是怎么回事。这名演员说他扮演的是个流浪汉，扣反纽扣正好表现出他不注重形象、对生活失去信心的一面。年轻人更是困惑地问道："可你为什么不向朋友解释或者说这是演戏的需要呢？"

这位演员坦然地笑着说："他提醒我是把我当作真正的朋友，是出于对我的关心。假如我一定要解释清楚，就极有可能让他认为我做任何事都是有准备的，有一定原因的。久而久之，谁还能指出我的缺点？在他们眼里，我的缺点也可以被认为有个性，而恰恰这正是我要完善的地方。"

俗话说"水至清则无鱼，人至察则无徒"。人不是上帝，都不完美，都会犯一些错误。这位演员是真正聪明的人，他不忌讳犯错，尤其不介意在朋友面前坦露错误，因为他深知，为了不断地完善自己，就必须接受别人善意的批评。人不犯错，本身就已经是最大的错误了。在适当的时候，犯一些无关紧要的小错误，能更好地融入人群之中，避免因过于"完美"而遭人排挤。

做人要学会韬光养晦，以"自污"来做障眼法，既能让对方安心，也能使自己安全。有实力者如果太过"高尚""自敛""清正"，会让竞争者感觉不安。适度地"抹黑"自己，告诉他们自己也只是一个再普通不过的小人物，对方自然会放松警惕。

总之，无论你有多么出众的才智或高远的志向，都要审时度势，尽量收敛锋芒，学会藏拙，才能为自己赢得更宽松的发展空间。

戴好心灵面具，把好恶藏在口袋里

无论何人，只要在社会上工作过一段时间，便多多少少练就了察言观色的本事，他们会根据你的喜怒哀乐来调整和你相处的方式，并进而顺着你的喜怒哀乐来谋取自己的利益。而你也会在不知不觉中，被别人掌控。如果你的喜怒哀乐表达失当，有时会惹来无端之祸。因此，高明者一般都不随便表露自己的情绪，以免被人窥破弱点，予人以可乘之机。越是精于生存之道的人，城府便越深，"喜怒不露于外，好恶不示于人"。

事实上，没有喜怒哀乐的人并不存在，他们只是不把喜怒哀乐表现在脸上罢了。在人际交往中，我们要把喜怒哀乐藏在口袋里，别轻易拿出来给别人看。

楚汉战争期间，刘邦屡次被项羽打败，兵困荥阳，处境危在旦夕。而正在这时，刘邦的部下韩信在北线却捷报频传，不久攻占了齐国。随着军事上的节节胜利，韩信的政治野心也逐渐膨胀起来。他派人面见刘邦，要求封自己为假（代理）齐王。刘邦一听，便怒不可遏，对前来送信的信使大声斥责。张良正坐在刘邦身边，急忙用脚轻轻踢了刘邦一下，附耳说道："汉军刚刚失利，大王有力量阻止韩信称王吗？不如顺水推舟答应他，否则将会产生哗变。"刘邦立即心领神会，感到前言有失，便话锋一转，反改口骂道："大丈夫既定诸侯，就要做个真王，何必要做假王！"刘邦原本爱骂人，这一骂不足为怪，竟也没露出什么破绽。

不久，刘邦派张良作为专使，为韩信授印册封。刘邦不动声色稳住了韩信，为汉军日后十面埋伏，击败项羽做好了准备。如果刘邦当时便为此事与韩信闹翻，历史也许就会被改写。

只有像刘邦这样"喜怒不露于外"，尽量压抑个人的感情，以冷静客观的态度来应对事情，才能做成大事。如果轻易流露感情，如同自揭底牌一般，容易被对方控制而屈居下风。

不轻易表露自己的观点、见解和喜怒哀乐，被称为"深藏不露"，这是古今中外很多成功人士的做法。俗话说"画虎画皮难画骨，知人知面不知心"，很难说自己的一句话，甚至一个表情在对方心里造成什么样的反响，对方会采取什么措施"反击"；随便把喜怒哀乐表现出来，也很容易被人窥破内心，从而被牵着鼻子走。

做人要懂得用"拟态"和"保护色"，保持点神秘感，让人不敢妄自揣度，也就不敢对你轻举妄动。

俾斯麦30多岁时，担任普鲁士议会的议员。当时奥地利非常强大，曾经威胁普鲁士如果企图统一德国，奥地利就要出兵干预。

俾斯麦一生都在狂热地追求普鲁士的强盛，他梦想打败奥地利，统一德国。他曾说过一句著名的话，“要解决这个时代最严重的问题并不是依靠演说和决心，而是依赖铁和血”。但是令所有人惊异的是，这样一个好战分子居然在国会上主张和平。很显然这并不是他的真实意图。

一次，有议员提议发动战争，俾斯麦说：“没有对于战争后果的清醒认识，却执意发动战争，这样的政客，请自己去赴死吧！战争结束后，你们是否有勇气承担农民面对农田化为灰烬的痛苦？是否有勇气承受身体残废、妻离子散的悲伤？”

听了俾斯麦的这番演说，那些期待战争的议员迷惑了，最后，因为俾斯麦的坚持，这场战争的提议被严词否决。

由于普鲁士主张和平，奥地利放松警惕。

数周后，国王感谢俾斯麦为和平发言，委任他为内阁大臣。几年之后，俾斯麦成了普鲁士首相，这时他对奥地利宣战，实现了统一德国的梦想。

俾斯麦赞成和平的真实原因是他意识到普鲁士的军力弱于其他欧洲强权，并不适合发动战争。如果战争失利，他的政治生涯就岌岌可危了。他渴望权力，所以隐藏了自己真实目的，坚持和自己意愿相反的主张，发表那些违背自己意愿的言论。

真假莫辨，以假乱真，真又似假，假变成真，当对手眼中的你已到了如此境界，他又怎么敢轻易攻击你呢？

装糊涂，让对方真糊涂

“难得糊涂”历来被推崇为高明的为人处世之道。锋芒太露易遭嫉恨，更容易树敌。大智若愚，聪明而装糊涂者，往往才是有大智慧的人。

有时人们明知自己处于不利的环境，也知道对手的意图，但无力反击。这时就不妨装装糊涂，掩盖自己的真实意图，等待反击的时机。假痴不癫是麻痹敌手、待机而动的好方法。

一天，朱元璋走到一间刚完工的大殿里，回想自己当年当和尚的情景，百感交集，见四下无人，便忍不住将心声脱口而出：“唉，我当年不过为饥寒所迫，想当个盗贼，沿江抢掠些金银财物而已，哪曾想能有今日这番气象。”说完后，仰面观看棚壁，却吓了一跳。原来有一个漆匠正在一根大梁上聚精会神地刷漆，由于梁木宽大，朱元璋先前竟没发现他。

朱元璋马上意识到这漆匠听了他的秘密，如果不杀人灭口，势必会传得四海皆知，那可是丢脸又不利于自己的大事。

他开口让那名漆匠下来，连喊了几遍，漆匠充耳不闻，继续慢条斯理地干着手中的活。朱元璋大怒，加大了音量喊，那名漆匠仿佛才听到声音，忙下来跪在朱元璋面前，叩头说：“小人不知陛下驾到，没有及时避开，冒犯了陛下，请陛下恕罪。”

朱元璋怒声道：“你耳聋了吗？我叫了你几遍你都不下来。”

漆匠叩头说：“陛下真是英明，连小人耳朵有点聋都知道。陛下圣明，这是小人和万民的莫大福分。”

朱元璋生性多疑，但看漆匠脸上神色并无太大变化，心想他骤然听到这样大的秘密，自然知道厉害，不吓得掉下来，也会面无血色，不会如此平静，看来他真是耳朵有些不灵敏的人。这样想着，也就放过他了。这名漆匠在当晚找了个借口逃出了皇宫，连夜逃回家中，携带妻小躲避他乡。

漆匠正是因为揣着明白装糊涂，才得以保全自己的性命。可见，适时地“装傻”，能混淆对方的判断，有效地保护自我。

现在社会关系复杂，在人性丛林里，要想在社会上立足，就要懂得伪装自己，该糊涂时就要糊涂，做人表面天真可以，但内心一定要留点“心眼”。

比如，有时候，同事挨了处分，面子上过不去，我们就不要去安慰，装作不知道，反而会更好；一个问题，明明你是对的，但朋友说错了，我们不要去说破，装装糊涂，在朋友知道了正确答案后，心里会比谁都清楚，无形中你们的关系也会被拉近。

“真人不露相，露相非真人”，我们常常会看到一些人看上去精于算计，可一遇到真正的问题便色厉内荏；而有些人看上去没什么本事，但一出手就赢得满堂彩，而后者才是真正的强大。

掩藏自己的实力，装出弱者的姿态

表面上看着比较强悍、威风凛凛的人并不是最有能力的，而真正有本领的人是懂得掩藏自己的实力、不轻易将才艺外露的人。“大智若愚”从某种意义上讲，是有智谋的人保护自己的一种方法。

做人也是这样。在志得意满时，切不可目空一切，因为这样更容易引起别人的嫉妒。无论你有怎样出众的才智，一定谨记待人处世要注意收敛起自己的锋芒，实实在在地做人，在不经意中展现你的才华，才能得到别人的认可。

郑庄公准备讨伐许国前，他先通过在国都组织比赛，挑选先行官，众将知道这个消息后，明白自己露脸立功的机会来了，于是都跃跃欲试，准备一显身手。

第一个项目是击剑格斗，众将在比赛中都使出浑身解数，经过轮番的比试，最后选出六个人来参加下一轮比赛。

第二个项目是比箭，取胜的六名将领各射三箭，以射中靶心者为胜。第五位上来射箭的是公孙子都，他武艺高强，年轻气盛，从来不把别人放在眼里，只见他搭弓上箭，三箭连中靶心，众人都欢呼鼓掌，此时公孙子都的心里已经开始盘算着谢恩的事了。等到最后一位射手上场时，大家才发现这是一个胡子有些花白的老头，他叫颍考叔，因为曾劝导庄公与母亲和解，庄公一直都很看重他。颍考叔上前看了看，不慌不忙地开始射箭，三箭也是连中靶心，与公孙子都射了个平手，这样一来最后只剩下两个人。于是庄公就派人拉出一辆战车来，说：“你们二人站在百步开外，同时来抢这部战车，谁抢到手谁就是先行官。”公孙子都轻蔑地看了一眼对手，哪知跑了一半时，公孙子都脚下一滑，跌了个跟头，等到他爬起来时颍考叔已抢车在手。公孙子都看到后不服气，提了长戟就来夺车，颍考叔知道此人的意图，便拉起车飞跑，这时庄公忙派人阻止并宣布颍考叔为先行官。

颍考叔果然不负庄公之望，在进攻许都城时，手举大旗率先从云梯冲上城头，眼见大功告成的时候，公孙子都嫉妒得牙齿痒痒，竟抽出箭来，搭弓瞄准颍考叔，一下射中了心脏，就这样颍考叔从城头栽了下去，大将瑕叔盈以为颍考叔是被许兵射中身亡了，于是他忙拿起战旗，又指挥士兵冲城，终于拿下了许都。

颍考叔就是因为锋芒太露遭小人暗算的典型。的确，一个人如果锋芒太露，不懂得适时收敛，就会招人陷害，虽然可以取得暂时的成功，但却为自己埋下了祸根。所以当一个人骄傲自得地展现自己才华之际，也就是危机四伏之时。在这个时候，人们就需要懂得抱愚守拙，因为这样看似无用却能保全自己。

森林里的大象不断地被人类猎杀，但每次猎杀完，人类并没有运走大象庞大的身躯，而是直接取走了象牙，因为那才是人们所需要的，所以有的大象们为了生存，每天都会很小心地躲避人类。但即使是这样，大象们还是难逃厄运，一头接一头地倒在人类的枪口下。但奇怪的是，有一头公象从未受到人类的威胁，它每天都可以从容地到处转悠，有的时候甚至还可以到人类居住的村庄附近吃玉米，而且人类见了它，都没有想过猎杀他，有时甚至和它打招呼，人们对它表现得很友善，这让其他大象极为不解。

“你有什么秘诀吗？人类为什么从不伤害你，却总是把枪口对准我们呢？”大象族长问它。

“你看我和你们有什么不同吗？”那头公象抬起头来看着族长和其他同类。

大家惊奇地发现他的象牙不见了，于是问道：“你……你……的牙？”

就连族长都惊讶得说不出话来。

“是的，我没有牙齿。因为从很早以前起，我每天做的第一件事就是磨自己的牙，而正是因为没有牙齿，人类枪杀我就没有任何价值，所以我才能这样从容、悠闲地生活着。”

象牙是公象吸引配偶的绝佳武器，哪头象的牙粗壮、美丽，它就会更加受青睐，所以公象们都以自己的象牙为荣。然而，正是这代表荣誉的象牙，却引来人类的觊觎而给公象招致杀身之祸。此时，磨掉象牙、收敛自己的锋芒，才是保护自己最好的办法。

糊涂可以有效地保护自己，在发挥才华的时候要低调处事，不要争强好胜，学会战胜盲目骄傲自大的毛病，凡事不要太张狂，太咄咄逼人，随时随地养成谦虚做人的美德。

正所谓花要半开，酒要半醉，鲜花在盛开得太过娇艳的时候，往往会被人采摘，这就是衰败的开始。人生在世，要懂得适时隐藏实力，适时装出弱者的姿态，这是一种深藏不露的大智慧。

藏锋静若处子，不动声色做大事

古人云“纵无显效亦藏拙，若有所成甘守株”，古往今来，很多成大事者都经历了一个藏锋守拙、低调隐忍的阶段，虽然表面上收敛了自己的行为，却在默默沉淀自己的实力。从某种意义上说，藏锋守拙是保全自我的一种谋略，因为“小不忍则乱大谋”，因为“风物长宜放眼量”。藏锋是一种弹性的前进策略，它是人生的延长线，就像战争中的防御和后退有时恰恰是赢得胜利的一种必要条件。

李忱是唐宪宗李纯的第13个儿子，于长庆中期被封为光王。在他即位之前，贵为王公的李忱却不得不离京出走，这得从他当时的处境说起。李忱的母亲身份不高，她作为当时叛臣的罪孥进宫，结果邂逅了当朝皇帝——唐宪宗李纯，生下了李忱。可惜在李忱的幼年，宪宗皇帝就被宦官暗杀了，留下这一对母子，既不能母凭子贵，也不能子凭母贵。

后来，李恒（李忱之兄）被宦官扶上皇位，是为唐穆宗；4年后穆宗服长生药病逝，其子敬宗李湛接任，但他只活到18岁，驾崩后由其弟文宗李昂、武宗李炎相继接任。

在这多年的时间里，三朝皇叔李忱的地位既微妙又尴尬，他只能以黄老之道明哲保身。尽管他为人低调，不事张扬，但光王的特殊身份，还是让他逃避不了被侄儿们猜忌、排斥、打压的命运。文宗、武宗两位皇帝更是对他心存芥蒂，非但不以礼相待，还想方设法地迫害他。公元841年，唐武宗登基时，李忱为避祸全身，便“寻请为僧，行游江表间”，远离了是非之地。应该说，李忱当时做出的这一抉择，当是明智之举。流放底层，阅尽人世沧桑，为他将来修成大器提供了一个难得的机会。

法号“琼俊”的李忱虽然隐居于与世隔绝的深山之中，但他并没有一心向佛，忘却心中之志。握瑾怀瑜的他，效法太公钓闲于渭水、孔明抱膝于隆中，准备待时而动。在唐武宗统治的6年间，他不停地通过秘密渠道打探宫内情况，积极从事夺权的活动，以实现“归去宿龙宫”的夙愿。

虽然他一直隐藏自己的这一志向，在福建境内的天竺山真寂寺的3年间，他谨言慎行，但在一次与当时的名僧黄檗和尚观瀑吟联时，他那深藏于心的雄才大略却通过一句联对表露无遗。

一日，两人在山中闲话，面对悬崖峭壁上的一条飞瀑，黄檗来了雅兴，对李忱说道：“我得一上联，看你能否接下联？”李忱也兴致盎然，说道：“你道来我听，我必对得上。”黄檗于是吟道：“千岩万壑不辞劳，远看方知出处高。”李忱几乎是脱口而出：“溪涧岂能留得住，终归大海作波涛。”黄檗听了，赞赏有加。

没有深沉的寂寞，哪有动地的长歌？李忱就像那瀑布，经历“千岩万壑不辞劳”的艰险后，终将飞珠溅玉、石破天惊。忍辱负重的李忱后来在太监们的拥戴下，从侄儿手中夺过大位，成为唐宣宗。由于他长期在民间阅世读人，深知黎民疾苦，故躬行节俭，虚怀纳谏，颇有作为，他统治的时期号称“大中之治”。

李忱能忍人所不能忍，终于忍而后发，摆脱了多年的屈辱生活，并达到了自己的目标。可见要做大事，要成大事，关键在于能够“藏锋”。真正有智慧的人，不是锋芒毕露地拔剑厮杀，而是如李忱一般表面憨愚窝囊，却怀揣大志，暗中谋划做“霸王”。

生活中我们同样要有藏锋守拙的精神，因为人生纷扰不断，若总以

“得理不饶人”的心态去面对，自然会让自己处于一种孤立的境地。平时，不妨多想想有没有夸耀自己的能力，有意无意表现张扬？你的某些“志向”或“企图”有没有还没有实施就已经人尽皆知？

即使你的“野心”是正当的，而一经在你身上得到表现的时候，总会有人感觉受到了威胁。而你的羽翼未丰、积储的能量尚不够，面对他们利用手中的权力和影响力对你进行打击，你过去的一切努力都将化为泡影，因此，万不可轻易暴露内心。要把心事放在口袋里，在“野心”尚未实现之前，绝不让人看出你的真实想法和能力，不被别有用心的人窥破弱点，予人可乘之机。

第十章
说话要懂得心理策略

说话要三思而后言，注意时机和场合，不断揣摩对方的心理，针对他的内心活动来改变说话策略，往往更容易被人接受。相反，如果言辞过激，不但有失分寸，而且会增加对方的对立情绪，给自己造成不必要的麻烦。

解决争吵，善用“淬火效应”

在金属模具加工过程中，“淬火”是最后一道工序，指把烧红的模具放入冷水中进行冷处理，让模具变得更加坚硬、耐用。事实上，不只是模具淬火以后会变得更加耐用，人际关系也是一样。日常生活中，我们往往容易冲动，如果能在争吵发生时，善于利用“淬火效应”，及时让自己冷静下来，你就能在人际关系中游刃有余。

在一次讨论会上，会议进行到中途竟变成了一场激烈的辩论，与会人员的情绪暴躁起来，每个人的表情都显得急躁而焦虑，彼此以锐利的言语相抗。突然之间，有一位男士站起来，悠然地脱掉上衣，打开领带，并随势躺在椅子上，伸直手指，有人不解地问他是否觉得身体不适？“不，”他回答说，“我想我的身体状况很好，不过我开始冒火了，只有躺下来才能消消气。”

说完满室哄堂大笑，一时之间，原先紧张的气氛缓和了下来。这位“淘气”的先生说：“我只不过是开个小玩笑，让大家消消火气。”事后他解释说，他以前是个易怒暴戾的人，一旦脾气上来就会握紧双拳狂声怒吼，所以面临这种场面时，他就试着伸直手指，压低高亢的声调，这样一来，满腔怒火就熄灭了。

案例中的这位先生，就是在紧要关头“淬火”，及时冷静下来，避免了言语之失。可见，“淬火效应”不仅能促进彼此的关系，而且能够缓和人际关系中的矛盾。

在人与人交往的过程中，发生争吵往往是由于双方极其不冷静，或者至少是有一方失去理智而造成的。无论是哪一方的原因，当争吵发生的时候，最需要的就是冷静，三思而后言。即使自己占理，也需要沉住气，尽量避免争吵激化。

在美国，有一位飞行员名叫胡佛，他有着高超的飞行技术。一次胡佛出去参加飞行表演，结果飞机在返回的途中发生了意外——在飞机降落到距离地面300米高空的时候，胡佛发现飞机的发动机突然熄火了。这样的事情发生在高空几乎意味着机毁人亡。当时胡佛的飞机里还有另外两个人，在这紧要关头，胡佛沉着应对，凭着高超的技艺和过人的胆识，仍然把飞机降落在机场。虽然飞机严重损坏，机上人员却安然无恙。

后来检测发现，造成这次事故的原因是机械师把燃料加错了。知道事情的真相后，胡佛提出要见一见这位机械师。

人们都以为他要狠狠地痛骂那位粗心大意的机械师一顿，可出人意料的是，胡佛见了那位年轻的机械师以后，只是轻轻地揽住机械师的肩膀说："为了相信你不再出现这样的情况，明天要起飞的F-16还要你来维修。"

沉浸在紧张、懊悔情绪中的机械师简直不相信自己的耳朵，他本以为胡佛会劈头盖脸地把自己批评一通。他暗暗发誓以后绝不再出现类似失误。

俗话说，有理不在声高，胡佛的做法让人钦佩。他并没有因为自己占理，就对机械师大吼大叫，更没有得理不饶人，而是选择更加委婉的表达。

有话慢慢说，有道理细细讲，不但能够让争论中的对方心悦诚服，而且能体现个人的素质。相反，暴风骤雨般的争吵可能会激起别人的反抗心理，伤害别人的自尊，就算他们认识到了错误，也很难达到改正错误的目的。除此之外，我们还要耐心倾听别人的解释，再做客观的评价。适当的时候不妨把自己置身对方的角色中去，并思考如果我置身于他的环境，会不会也出现这样的错误。

静心倾听，把优越感让给别人

法国哲学家罗西法古曾经说，"如果你要得到仇人，就表现得比你的朋友优越吧；如果你要得到朋友，就让你的朋友表现得比你优越"。

的确如此，也许你会认为人际场合中能说会道的人最受欢迎，其实，善于倾听的人才是真正会讨人欢心的人。能言善道者难免会因为得意张扬而夸夸其谈，说过分了还会言多必失，祸从口出。

静心倾听就没有这些弊病，反而有兼听则明的好处。用心听，把优越感让给别人，给人的印象是谦虚好学、专心稳重，诚实可靠。仔细听能减少不成熟的评论，避免不必要的误解。善于倾听的人常常会有意想不到的收获：齐桓公因为细听而善任管仲；刘备因为恭听而鼎足天下；唐太宗因为兼听而成明主；蒲松龄因为虚心听取路人的述说，记下了许多怪异故事。

有人说，上帝创造人的时候，为什么只有一张嘴，却有两个耳朵呢？那是为了让我们少说多听。静听他人的声音，并通过这种静听彻悟生活的玄机。

美国南北战争曾经一度陷入困境，当时身为美国总统的林肯，受到多方的压力。他把他的一位老朋友请到白宫，让他倾听自己的问题。

林肯和这位老朋友谈了几个小时，他谈到了发表一篇解放黑奴宣言是否可行的问题。林肯一一检讨了这一行动的可行和不可行的理由，然后把一些信和报纸上的文章念出来。有些人怪他不解放黑奴，有些人则因为怕他解放黑奴而谩骂他。

在谈了数小时后，林肯跟这位老朋友握握手，甚至没问他的看法，就把他送走了。

这位朋友后来回忆说：“当时林肯一个人说个不停，这似乎使他的心境清晰起来。并且，林肯在说过这些话后，心情似乎舒畅多了。”

当时遇到巨大麻烦的林肯，不是需要别人给他忠告，而只是需要一位友善的、具有同情心的听者，以便减缓心理上的巨大压力，解脱思想上的极度苦闷。

心理学家已经证实，倾听可以减除他人的压力，帮助他人清理思绪。倾听对方的任何一种意见或议论都是尊重。以同情和理解的心情倾听别人的谈话，不仅是维系人际关系、保持友谊最有效的方法，更是解决冲突、矛盾和处理抱怨的最好方法。

在美国，曾有科学家对同一批受过训练的保险推销员进行研究。这批推销员接受同样的培训，业绩却差异很大。科学家抽取其中业绩最好的10%和最差的10%作对照，研究他们每次推销时自己开口讲多长时间的话。研究结果很有意思：业绩最差的10%，每次推销时说话的时间累计为30分钟；业绩最好的10%，每次说话的时间只有12分钟。

为什么只说12分钟的推销员业绩反而高呢？很显然，他说得少，自然听得多；听得多，对顾客的各种情况、疑惑、内心想法自然了解得多，他就会采取相应措施去解决问题，结果业绩自然优秀。

善于倾听，还能使你有好人缘。因为一般人喜欢讲，不善于听。因此，他喜欢讲，你正好喜欢听，那自然是一种和谐的组合。

一次，卡耐基到一个著名植物学家那里做客，整个晚上，植物学家兴致勃勃地给卡耐基谈各种千奇百怪的植物。卡耐基听得津津有味，目不转睛，像个特别喜欢听故事的孩子，中间只是偶尔问一两句。没想到，离开时，植物学家紧握着卡耐基的手，显得特别高兴和满足，还兴奋地对卡耐基说："你是我遇到的最好的谈话专家。"

善于倾听，意味着要有足够的耐心或对别人的话题感兴趣。如果你认为生活像剧院，自己就站在舞台上，而别人只是观众，自己正在将表演的角色发挥得淋漓尽致，而别人也都注视着自己。如果你有这种想法，那你会变得自高自大，以自我为中心，也永远学不会聆听，永远无法了解别人。

适时沉默，比争论更有力量

很多人容易犯这样一个错误：一旦别人谈到自己，尤其是不利于自己的情况时，往往会打断别人，进行争论。其实，这是最不明智之举。有时，沉默比争论更有力量。

沉默并不是一味地不说话，而是一种沉着冷静、成竹在胸的姿态，尤其是在神态上表现出运筹帷幄、决胜千里的自信，以此来逼得对方沉不住气，先亮出底牌。

许多心理战场的高手经常利用“沉默”这一策略来击败对手。他们可以制造沉默，也有方法打破沉默，并以此达到目的。因为长时间的沉默会给人造成极大的心理压力，让人沉不住气。

沉不住气的人在冷静的人面前最容易失败，因为急躁已经占据了他们的内心，他们没有时间考虑自己的地位和处境，更不会坐下来认真地思索有效的对策。

爱迪生发明自动发报机之后，想卖掉这项发明专利和制造技术，然后建造一个实验室。因为不熟悉市场行情，不知道能卖多少钱，爱迪生便与夫人米娜商量。

米娜给爱迪生出了一个主意，说：“要2万美元吧。你建造一个实验室至少要2万美元。”

当时，爱迪生已经是一位小有名气的发明家了。一位商人听说这件事，亲自上门，跟爱迪生商谈购买该项发明专利的事宜。

谈判到最后，这位商人问到价钱。因为米娜有事外出，爱迪生想等米娜回来后再一起跟商人谈价钱，爱迪生便一直保持沉默。

过了好久，米娜还没有回来，商人坐不住了，说：“那我先开个价吧，10万美元，怎么样？”

这个价格非常出乎爱迪生的意料，他心中大喜，当场不假思索地和商人拍板成交。后来爱迪生对他妻子米娜开玩笑说：“没想到沉默了一会儿就多赚了8万美元。”

爱迪生就是借助沉默，成功地卖出了自己的专利，并取得了丰厚的回报。“静者心多妙，超然思不群”。沉默是无声的语言，有一种埋藏在深处的震撼力。沉默可以积蓄力量，有力量的人更多是以沉默的方式表现出来的。沉默是一种气度，只有沉浸其中，才能体味到它的价值。

逢人只说三分话，未可全抛一片心

古人说得好“逢人只说三分话，未可全抛一片心”。为了自我保护，我们绝不能一时兴起就把自己的心思、想法和盘托出。当然，根据对象、场合说不同的话，并不是要做个虚伪、城府深的人，更不是要去撒谎。只身闯荡社会的人，需要有大智大勇，更需要有谨慎的态度，你如果一下子就把心掏出来给对方，用心和他交往，有可能“受伤”。

把心掏出来，这代表你对他人付出的是一片真诚和热情，但是世上知己能有几人？况且，知人知面难知心，对方看似也对你掏心窝子，但难保他掏的不是“假心”，一旦你遇到别有居心的小人，刚好利用了你的坦诚，使你受到欺骗，这就像痴情女对薄情郎一般，最终受伤的是你自己。而会玩手段的人，更会借此将你玩弄于股掌之中。

一只虱子常年住在富人的床铺上，由于它吸血动作缓慢轻柔，富人一直没有发现它。一天，跳蚤来拜访虱子。虱子认为跳蚤主动来访，是自己的朋友，便对跳蚤的性情、来访的目的、是否对己不利等，一概不闻不问，就把不该说的秘密告诉跳蚤：“这个人的血是香的，床铺是柔软的。”

当天晚上在富人进入梦乡后，早已迫不及待的跳蚤立即跳到他身上，狠狠地叮了富人一口。富人在梦中被咬醒，愤怒地令仆人搜查。伶俐的跳蚤蹦走了，慢慢腾腾的虱子成了跳蚤的替罪羊，到死也不知道引起这场灾祸的根源。

虱子就是单方面地对跳蚤真诚，才致使自己命丧黄泉。生活中，这样的例子有很多，这都在告诉我们，在人际交往中，千万不要轻易相信他人，只有经过长时间交往，才能慢慢看清别人的本质。到那时，如果你发现他真的值得信任，再对他推心置腹也不迟。

在人际交往中，你若是与别人初交，就把心掏出来给对方，有什么说什么，那么就有可能受到伤害。如果你是职场中人，你将自己的秘密告诉你的同事，如果他工于心计，必然会拿出来宣传，那时你就会后悔莫及。

大学毕业后，小张在北京找了份在市场部做销售的工作。小张非常珍惜。在公司，小张想尽力搞好人际关系，她认为这样才能进步，于是对所有的人都非常好。

同做销售的有一个叫小林的女孩子，跟小张年龄相仿，她性格很开朗，经常和小张一起聊时尚、聊衣服，有时候两个人还一起吃饭、逛街。

工作了两个多月之后，小张和小林的业绩都不错，但经理仿佛更重视小张，他经常会叫小张到他办公室谈论一下销售的情况，顺便拉拉家常。小张见经理很重视自己，也非常有信心，希望能凭借自己的努力，早日当上业务主管。

一次，小张照旧被经理叫去谈业务，然而，这个40多岁的经理却对小张动起了手脚，小张立即拒绝，跑了出去。

小张非常生气，可是怕丢掉工作，只能忍气吞声。晚上和小林一起吃饭的时候，她把经理的所作所为告诉了小林。小林听后也非常气愤，为小张抱不平。

第二天，小张一到公司就发现了身边同事们看她的眼神很怪异。她走出办公室，看到不远处小林和另一个同事谈笑风生，那个同事经过她旁边的时候故意怪声怪气地跟别人咬耳朵："……风骚得很，怪不得领导这么看重。"

小张一下全都明白了。面对经理为难加上同事奚落，小张不得不辞职。过了不久，小林升至业务主管。

在职场中，像小林这样的小人不在少数。如果轻易地将秘密告诉同事，即使他不会泄露出去，在关键时刻，他也可能会拿出你的秘密作为武器攻击你、要挟你，使你在竞争中失败。要知道，个人的秘密大多数是一些不甚体面、不甚光彩，甚至是有很大污点的事情，这个把柄若让人抓住，你的竞争力就大大削弱了。

不可事事对人言，只说三分话，不是不诚实，也不是狡猾。说话本来就有三种限制，一是人，二是时，三是地。人不对不能说，人对了时间不对也不能说，人对了时间对了地点不对还是不能说，人对了时间对了，说三分话刚好，如有必要，不妨再择地长谈，这才叫作通达世故。

话到快时留半句，理从真处让三分

花不可开得太盛，盛极必衰；话也不可说得太满，满必有失。对于你没有十足把握的事情，不要把话说得太满，给自己留些余地。

“知无不言，言无不尽”，刚开始大家会认为你很老实，可是，渐渐地他们会发现你是头脑简单、思想单纯，这样你便被定位为一个弱者，在没有自我保护机制的情况下，常常会吃亏。

另外，“知无不言，言无不尽”还常常伤害别人。想说什么就说什么，毫无掩盖，直来直去而且不分场合。这样，你在无形之中就增加了无数潜在的敌人，这种敌人比表面上的敌人更可怕，他们会寻找机会向你发动进攻，趁你不备将你击倒。

当威尔逊刚就任俄亥俄州的州长之时，在一次宴会上，宴会主席向在座的众人介绍，说威尔逊是“未来的美国大总统”，这只是主席对威尔逊的称颂罢了。

威尔逊在即兴发言时，给大家讲了一个故事：“在加拿大有一群垂钓的游客，其中一名叫作强森的人，大胆地试饮烈性的酒。强森喝了过多那种有害的酒后，便和其他同伴欲搭火车回去，但是，他却不搭北上的火车，反乘上南下的火车。于是，大家急于把他找回来，就打电话给那班南下列车的车长：‘请将一位叫强森的矮个子，送往北上的火车，他喝醉了。’不久，他们就收到车长的回电，表示：‘请再详示其特征。本列车中有13名醉酒的乘客。他们既不知自己的姓名，更不知目的地是何方。’”威尔逊笑着说，“而我威尔逊，确知自己的姓名，却不能像你们的主席一样，确实知道我将来的目的地在哪里。”在座的宾客一听都哄然大笑起来。

威尔逊用一个巧妙的故事补救了主席的“口误”，“我不知道目的地在哪里”，能否当选总统还未可知呢！给自己留下了余地，避免了日后可能产生的问题，还为在座众人留下了谦逊有礼的印象。

威尔逊的一番话不仅化解了尴尬的气氛，同时也为自己将来的去向留了余地。如果威尔逊没有适时化解主席的“口误”，而是为自己的总统之路做过多的畅想，这样除了让人觉得他自大、不踏实之外，还会令其陷入一种被动境地。

说话前，不妨先从大脑中过滤一下，让嘴巴比脑子慢半拍，说出来的话就会留有回旋的余地。

不要口无遮拦，避免话不投机

说话是为了正确地表达自己的思想和意见，而不是图一时之快，胡乱发泄自己的情绪。在交谈中，每说一句话，都要谨慎考虑一下你要说的话是否合适，不要口无遮拦，给他人造成不快。

与别人谈话时，不仅要用嘴巴说，更要用头脑去思考如何根据特定的人和交谈的氛围，恰如其分地交谈，从而增加互动的有效性。

老王和老李认识几十年了，两人交情很深，无话不谈，平时爱开玩笑，几天没有见，一见面，一个就说：“你还没有‘死’呀？”对方也不计较，回一句：“我等着给你送花圈呢。”两个人哈哈一笑了事。后来老王因病重住进了医院，老李去医院看望，一见面想逗逗他，又说：“你还没有死呀？”这一次，老王变了脸，生气地说：“滚，你滚。”便把他赶了出去。

即使是亲密无间的朋友，如果像老李这样说话口无遮拦，也会严重伤害对方的感情。有些人说话之所以容易惹恼人，并不是他们不会说话，而是场合观念淡薄。所以，我们要注意不同场合对说话内容和方式的特定限制和要求，时时不忘看场合说话，避免让对方处于尴尬的境地。

另外，在社交活动中，要与人为善，不要打听、干涉别人的隐私，评论他人的是是非非；更不要无事生非，散布小道消息；说话要有事实根据，不能听风就是雨，随波逐流。

35岁的李梅在一家事业单位上班，工作稳定，丈夫任职于广告公司，因工作出色，36岁就被提拔为公司副总，这对夫妻在外人看来过着令人艳羡的生活。可是，外表风光的她却有一块心病，就是夫妻结婚近10年都没有孩子。当别人问起的时候，争强好胜的李梅总是表现出满不在乎的样子说："我们崇尚丁克生活，要享受二人世界。"时间长了，同事们也都信以为真。私下里，她却经常拖着丈夫四处求医问药、遍访名医，医生诊断的结果多是她患有不育症。

一次，她在办公室里正看着一张病例发呆，连新来的同事宋晓站在她后面都没有感觉到。宋晓仔细一看病例，竟然大声地说："原来你有不育症啊！你……"当时，正是上班时间，同事们都在办公室办公，听到宋晓的声音，大家都一脸惊讶。李梅顿时觉得无地自容，狠狠地瞪了宋晓一眼说："走开！"宋晓一下子就呆若木鸡。此后，不管宋晓如何道歉，李梅都不愿搭理她，两人形同陌路。

宋晓初来乍到，对同事们的情况并不了解，却在无意中就将别人极力隐藏的隐私暴露出来，导致了同事之间关系破裂，这是典型的说话不经过大脑思考的表现。

真正的能言善辩者是需要用思想来牵制嘴巴的，说出来的话都是经过仔细思考后才恰如其分地表达出来的。

当然，真正做到用思想牵制嘴巴并不是一件容易的事情。因为思考的过程是充满艰辛的，需要有广阔的视野、敏锐的洞察力，还需要天长日久地积累，才能逐步领悟到说话的精髓。

第十一章

钝感力当先，重塑职场心态

职场是一个磨炼人、考验人的地方。在平时的工作中，无论是做事还是做人，除了要善于把握机遇，灵活运用各种技巧外，还需要有从容不迫、踏实坚定的心态。这种心态，对于员工做好本职工作，稳定地发挥自己的才干，在事业中谋求更为深远的发展，是十分重要的。

善用钝感力这一隐形力量

“钝感力”一词源自日本，是日本著名作家渡边淳一所著的《钝感力》中的首创词。按照渡边淳一的解释，钝感力可直译为“迟钝的力量”，即从容面对生活中的挫折和伤痛，坚定地朝着自己的方向前进，它是“赢得美好生活的手段和智慧”。

“钝感力”一词虽是新创，但它的内涵我们并不陌生，其实钝感力的实质，正是一种沉得住气，以忍图强的处世方式。钝感不等于迟钝，它强调的是对周遭事物不过度敏感，不骄不躁，集中力量，专注目标的生存智慧。

渡边淳一曾说：“作为一种为人处世的态度及人生智慧，钝感力相比激进、张扬、刚硬，更易适应竞争激烈、节奏飞快、错综复杂的现代社会，也更易让人取得成功，并同时求得自身内心的平衡及与他人和社会的和谐相处。”

钝感力是一种质朴的力量，然而，最质朴的力量往往拥有最非凡的能量。在《钝感力》一书中，渡边淳一谈到他当年的一位同事S医生。在日本的医院中，年轻医生被前辈呵斥是司空见惯的事情。S医生的指导教授更是异常严厉。每当S医生被教授大声斥责的时候，大家都觉得他十分可怜。可不管教授如何批评，S医生从不颓唐，而是默默地接受，并认真观察老师如何治疗病人。教授的训斥和S医生忠厚的回应，一唱一和，好像捣年糕的人和捣年糕的棒槌一样，配合得非常默契。后来，S医生成为医院最出色的外科医生，并在很年轻的时候就当上了院长。

钝感力是立身处世不可或缺的品质。我们也许都有这样的体会，同样的失误，同样的苛责，有的人感觉痛不欲生，以致影响事业和生活的和谐；有的人即便失落，也能很快恢复，天塌下来也依然故我，他的事业、生活依然运行在正常的轨道之上。

许多企业的研究发现，企业中最优秀的员工往往不是最聪明的，也不一定是最能干的，但他们都有一个共同点：他们能够以最合适的状态及心境应对一切变化。在与公司共同发展的过程中，无论是处于逆境、顺境，面对表扬或批评，都无法轻易动摇他们对于自我价值的判断以及坚持到底的决心。很多时候，他们是同事眼中冥顽不化的愚笨者，是别人眼中反应迟钝的平庸者，但经过多次的考验之后，这些“迟钝者”却往往以其坚韧不拔的精神最终获得管理者的赏识，成功实现晋升的梦想。

某集团公司是所在行业的知名企业，在声名远播的同时，集团面临的内外压力也与日俱增：一方面竞争对手步步紧逼，不断抢占市场份额；另一方面，集团内部营销体系及相应的制度有些混乱，区域市场的管理出现许多漏洞。张智与刘明都是集团刚引入的两名高级营销人才，出任营销部经理，分管不同的市场，共同向总经理及董事会汇报。

从工作背景来看，两个人不分伯仲：毕业于名牌大学，都曾任职于著名外企，具有较强的实力和丰富的经验，并且干劲十足。

在正式接管之后，两个人做的第一件事就是对自己负责的区域进行大刀阔斧的改革，并引入外资公司一套成熟的制度进行实践。虽然职业背景非常相似，但张智与刘明两人的工作风格却大相径庭。张智做事雷厉风行，并且说话直言不讳。他的洞察力与市场判断力，让许多下属颇为佩服。而刘明却很像职场版的“许三多”，憨厚随和，性格不温不火，做事从不急进。许多人都认为张智将会比刘明做得更出色。

由于张智与刘明对区域市场进行了改革，触及了公司中许多人的利益。在他们上任几个月后，一些员工产生抵触情绪，所以各种各样的非议纷至沓来，更不断有人写匿名信编造各种借口举报他们，张智与刘明都面临着巨大压力。

张智的性格急躁，对于这些无中生有的指责表现激烈，同时对于公司管理层的询问又表现出极大的反感，认为领导层应该给予自己充分的信任与支持，而不能以这些莫须有的指责扰乱自己的情绪。为了实现既定目标，张智不断向区域经理下达死命令，不断地开会督促。一旦某一项任务没有完成，张智就会怒发冲冠，并施以重罚。张智的情绪化表现非常明显，他心情好时可以与团队打成一片，但当情绪低落时，他会整天阴沉不语，经常为一点小事迁怒下属，下属如履薄冰。

刘明的表现则平静得多。虽然也肩负重担，但他有条不紊。无论是任务布置还是工作推进，无论是取得成绩还是遇到障碍，他都能够心平气和地与团队共同研讨对策。而对于各种各样的非议与批评，刘明充耳不闻，淡定自若，他似乎并不太在意别人的评头论足，只是一心走自己的路。更令下属感激的是，由于某区域经理的失误，导致业绩下滑，整个团队受到董事会严厉批评之时，刘明竟然一个人扛住压力，耐心向董事会解释其中原因，并阐述接下来的应对措施以及未来的发展前景，从而取得了上司谅解。

一年半过去了，张智与刘明都以各自的方式顺利完成了向董事会承诺的目标。公司管理层决定提拔两个人中的一个出任营销总经理，在经过多方面的考察后，多数员工支持刘明晋升为营销总经理，原因很简单，虽然张智的能力让人佩服，但刘明的“钝”让人更有持久的信心。而总经理的评价则是：张智是个将才，但刘明更是帅才。

“钝者，讷于言敏于心。”敏于心，钝于外，这就是大智若愚的智者。在企业中，像刘明这样“敏于心，钝于外”的人，就是很多人期望的稳健型领导者。

如果说敏感力是一种外在的洞察力，那么钝感力则是一种内在的坚持力。相对于洞察力，坚持力是一种更持久的耐力与爆发力。现代社会的竞争越来越激烈，在这场没有硝烟的战争中，人与人之间的“斗争”在所难免，优胜劣汰成为常态。保持一定的敏感度是必要的，但更为重要的是沉得住气，排除一切干扰，为成功而坚持不懈地努力。

正是这种貌似“迟钝”的顽强意志使我们突破重重障碍，步步向前——而这，就是钝感的力量所在。在职场中，如果我们能多一些“钝感”，少一些“敏感”，为梦想穿上“钝感”的战衣，将使我们减少许多的杂念、忧愁、纷争，更好地将精力投入到工作中去，创造出更为优秀的业绩。

用心完成工作

工作没有大小，每一项工作都是一个机遇，每一项任务都是一次对才能的考验。只有沉下心来，用心完成工作，才能激发出我们最大的积极性，将事情努力做到尽善尽美。

把自己定位为高级管理者，站在老板的角度思考问题，这样才能自动自发地工作，才能积极有效地执行，才能站在更长远的角度谋划公司的未来。

世上没有可以藐视的工作，也没有毫无价值的工作，只要你勤恳地劳动和创造，每一份工作都蕴藏着改变命运的机会。那些只注重高薪却不知道自己还应该承担责任的人，无论对自己，还是对老板，都是没有益处的。

吉姆在一家五金商店做售货员，最初时每周只能赚2美元。他刚开始工作时，老板就对他说："你必须掌握这笔生意的所有流程，这样你才能成为一个对公司有用的人。"

"一周2美元的工作，还值得认真去做？"与吉姆一同进公司的年轻同事不屑地说。

对于这个简单得不能再简单的工作，吉姆却干得非常用心。

经过几个星期的仔细观察，年轻的吉姆注意到，每次老板总要认真检查那些进口的外国商品的账单。由于那些账单使用的都是法文和德文，于是，他开始学习法文和德文，并开始仔细研究那些账单。一天，老板在检查账单时突然觉得特别劳累和厌倦，看到这种情况后，吉姆主动要求帮助老板检查账单。由于他干得非常出色，之后检查账单的工作就由吉姆接管了。

一个月后的一天，他被叫到一间办公室。老板对他说："吉姆，公司打算让你来主管外贸。这是一个相当重要的职位，我们需要能信赖的人来做这项工作。目前，在我们公司有20名与你年龄相当的年轻人，只有你工作踏实、认真、一丝不苟。我在这一行已经干了40年，你是我见过的三位真正对工作认真负责的年轻人之一。其他两个人，现在都已经拥有了自己的公司，并且小有建树。”

吉姆的薪水很快就涨到每周10美元，一年后，他的薪水达到了每周180美元，并经常被派驻法国、德国。他的老板评价说：“吉姆很有可能在30岁之前成为我们公司的股东。他已经在工作中经过一步步的努力，积累了大量的知识，并以自己的实力得到可以升迁的机会。”

员工为老板打工，老板付给员工报酬，这是员工价值的一种体现。但是，除了工资之外，工作中还蕴含着许多对个人有用的知识。我们在工作中获得的报酬除金钱外，最大的收获就是经验，还有良好的培训、职业技能的提高和个人品德的完善。如果我们能好好地历练自己，让自己在获取知识、运用知识中成长，将有助于为自己、为公司创造更大的业绩。这些无形的东西，也是为自己的未来做准备，是再多的金钱都买不来的。

那些拥有了巨额财富的人，不但坚持每天工作，而且耐得住寂寞与辛劳。在他们看来，薪水只是工作带来的很少一部分的报酬，个人乐趣与价值的实现才是更为激动人心的事情。事实上，也恰恰是他们这种超越金钱的积极态度，推动着他们越来越得心应手地调动自我潜能，去创造一个个更为辉煌的成就。

浮躁，让我们失去更多机会

初涉职场的新人，正是“初生牛犊不怕虎”，而沉稳的表现不仅可以为自己的职场生涯添上浓墨重彩的一笔，也会令自己信心倍增；太过浮躁，非但得不到上级与同事的认可，还可能为日后的晋升之路埋下隐患。沉下心，一步一个脚印，已经成为职场新人最基本的素质。

作为职场的新晋“菜鸟”，在夯实基础的关键时期，一定要把做好小事当成着眼长远的契机，要循序渐进、有条不紊地做事。做事前首先要静下心来，为自己建立一个明确的工作架构，从最微小的部分，踏实地做起。凡事不贪大，不急于求成，时时修剪心中那些躁动不安的妄求。唯有这样，才能真正在职场上积累宝贵的工作经验。

环顾四周，在喧嚣的都市生活中，为生计奔忙的人们十有八九心浮气躁。好高骛远、急功近利、妄想一口吃成个胖子。他们总是静不下心来，缺少安于平淡与寂寞的定力。他们往往笃信机会主义，希望自己的一切付出能得到立竿见影的回报。

而刚从象牙塔里走出来的职场新人就更是如此，就业的压力催生了他们对成功的热切渴盼。尚未摸爬滚打过的他们，早已为自己制订了半年计划或一年计划，对职位与薪金的期待更是直线上升。

与心境浮躁相伴的便是职场新人的工作浮躁。有案例研究指出，超过50%的职场新人无法适应现有的环境，形成频繁的“跳槽潮”，其主要原因之一便是心态失衡、心气浮躁、急于求成。

浮躁，这一当今时代风气的代名词，业已成为当下社会的一大显著特征。静躁之间，人们往往被后者俘虏，仿佛狂热地追逐就是离成功与财富更近的唯一道路。

利益本属中性，对利益的追求亦本是人的天性，无可厚非。然而对利益的追求方式却反映着个人追求本身的层次，以及追求者自身的心态。缺乏耐心、慌不择路的人们，在利益的裹挟和在浮躁的蛊惑下，终于步入了自我丧失。错误的价值观念与盲目的追求，注定催生悲剧。一些所谓的“成功人士”，他们在将个人利益最大化的同时，却将“自我”最小化；在丰富物质财富的同时，却任凭精神世界干瘪下去。

物质条件再优渥，也无法给予人心长久的安定，唯有内心的丰盈与淡泊才能让人更为富足与快乐。人的一生，在追求财富、享受物质的同时，也要着力寻找自我的“心之所向”，得到精神的餍足，构建精神栖息的港湾。唯有如此，身心的和谐才可能达到，物质与精神才可能平衡。滚滚红尘，物欲横流，更呼唤着人的定力与坚守，呼唤着人们观照内心、杜绝浮躁，坚守淳朴的价值，坚守心灵中那片安逸滋润的福地。

经营事业如同掘井一般，夯实基础、一心向下，总会收获喷涌之泉。然而若做不到深入地定点向下，而是掘一处、换一处，到头来必然两手空空。

如何做到拒绝浮躁呢？

行事耐心，耐心行事。耐心不是与生俱来的，是可以锻炼出来的。人们常常会因对某个目标的渴求而乱了分寸、丢了耐心。殊不知，你在丢掉耐心的同时也丢掉了开启成功大门的钥匙。不如给自己一些时间，给繁忙的业务一点余地，多多培养自己的心性，在按部就班、有条不紊的事务处理过程中，学会静心。

别让你的小聪明伤害他人

职场中有许多自视甚高的员工，他们有锐气，精力充沛，对事业怀着极高的热情，也有一定的才能，然而处事锋芒毕露，有十分的才能与智慧，就十二分地表现出来。他们稍有一点成绩，就自觉“天下第一”，因此，心高气傲，到处张扬，并常常摆出一副好为人师的架势。

他们之所以有这样的性格，究其原因主要是他们看不到或不明白“知”与“不知”的相对性，有一点聪明、有一点成就，就趾高气扬，觉得自己无所不知、无所不能。然而，世界之大，天外有天，人外有人。卖弄聪明，觉得自己全知全能，这样的人一般都不会得到别人的真心协助，往往在人生旅途上屡遭挫折。

正所谓“木秀于林，风必摧之；人浮于众，众必毁之”，无论有怎样傲人的资本，都没有炫耀的必要。要知道，人性往往有阴暗的一面，一旦你太过张扬，就会引起他人的敌视。这时，如果你能用低调的方式保护自己，将“风头”留给别人，专注工作，提升自我，你的才华将推动你迈向更大的成功。

现实生活中，越是涵养深厚者越能沉住气，而整日自吹自擂、张扬炫耀者，即使真是才高八斗，也因为自己整日不合时宜的“叫卖”，而令人不由自主地要怀疑他价值的真实性。因此，越是聪明人，越不会强出风头，而是用业绩来证明自己的聪明才智，在出色的工作中成就自我。

宋佳慧高职毕业那年，得到了一家跨国集团的面试机会。虽然学历不高，但佳慧凭着出色的能力闯过了初试和面试，进入了最后一轮考察：在人力资源部实习三天。招聘负责人给了宋佳慧一个任务，将公司去年的部分文件整理归类并建档保存。

然而，就在宋佳慧忙碌了一天之后，却传来了坏消息，总公司紧急通知暂停招聘新员工。“这不是耍我们吗！”参加实习的其他学生纷纷跑到部长办公室理论，讨公道，只有宋佳慧仍在成堆的文件里忙碌着。

当公司负责招聘的主任抱歉地告诉佳慧明天不用再来时，宋佳慧却说：“没什么，只是这些文件我已经整理了一半，如果换成别人又要从头开始。活儿没干完心里不踏实，我明天再来，一个上午就足够了。”

回到宿舍，同学们都说宋佳慧傻，与其给人家白白出力，还不如抓紧时间找别的工作。宋佳慧也不做争辩，只是微微一笑。第二天中午离开公司的时候，留下的是一排排装订好的文件夹和一间整洁的档案室。

两个月后，求职屡屡碰壁，只能在小店打零工的宋佳慧接到了一个电话，是那家跨国集团招聘负责人打来的，说现在公司有职位邀请她。原来，该负责人在向公司经理汇报招聘情况的时候，特别提到了宋佳慧的表现。经理对这个“最傻的求职者”印象很深，指示负责人留下了她的联系方式。当公司完成调整，重新招聘员工的时候，负责人第一个电话就打给了宋佳慧。

公司规定，每到年末，员工们都要写一份年终述职报告，将自己全年的工作表现写成书面总结，既要总结经验，也要制定目标，提出建议。公司里近千名员工都把这个举动讽刺为形式主义，都没把自己的聪明才智用在这种“徒劳无功”的小事上。只有宋佳慧“傻里傻气”地准备了一周。一周之后，一本像时尚杂志般的年终总结送到了领导办公室。彩色封面上是公司的标志和宗旨，扉页上有目录和提要。正文分为三个部分，分别是我的工作、我的看法和我的建议。每一部分都有详细的数据和直观的图表，还用漫画形式展示了公司存在的不良作风和浪费现象，最后是态度诚恳的建议和充满激情的设想。

后来，老总把宋佳慧喊到办公室，说：“无论是你第一次来应聘，还是这次写总结，都给我留下了深刻的印象。报告我看了4遍，你看问题很准，思路也很清晰，设想很有创意，但我更欣赏你对公司、对工作的那份责任感，你也许需要一个更合适的岗位，好好干吧。”

就这样，这个公司里最“傻”的员工，走上了职业生涯的高速公路。

高职毕业的宋佳慧创造了她的升迁神话。在她的成长道路上，伴随她的既不是过人的聪慧，更不是侥幸的好运，而是许多同事眼中的“傻气”。但她的“傻”不是不聪明，更不是没有能力，而是不把精力浪费在卖弄聪明、强出风头，争个你短我长上。将这些聪明和能力都运用到工作上，这在那些自以为深谙职场之道、自我感觉良好的员工看来非常可笑。然而，最终笑得最灿烂的却是这位“傻”员工。究其原因，也许正是因为“聪明”的员工太过聪明，以致藐视了工作本身的价值，而将聪明才智发挥到卖弄自我，争强好胜上，职场中少了这些“聪明”的强势竞争者，成功便落到了那些“傻子”头上。

全力以赴是自我升值的砝码

人生最大的遗憾与折磨，莫过于到了一定年纪对自己说“我的事业一无所成”。明明有十分的力气，却只用了一分，由于疏懒怠惰造成巨大缺憾，无法向自己交代。

事实证明，一个人在工作中创造出怎样的成绩，关键不在于这个人的能力是否卓越，也不在于外界的环境是否优越，而在于他是否竭尽全力。

一个人只要竭尽全力，即使他从事的只是简单平凡的工作，即使他的能力并不突出，即使外界条件并不有利，他仍然可以在工作中创造出骄人的成绩。

著名企业家李嘉诚曾说：“做生意不需要学历，重要的是全力以赴。”杰克·韦尔奇也曾说：“干事业实际上并不依靠过人的智慧，关键在于你能否全心投入，并且不怕辛苦。实际上，经营一家企业不是脑力工作，而是体力工作。”

在我们的工作中，学历和能力并不是最重要的，如果你不能全身心地投入工作，就无法在职场中取得优异的成绩。

张涛和王雷同时进入一家开发、销售电子产品的公司。张涛是一所电子科技大学的毕业生，学历是本科；王雷学的是贸易专业，学历是专科。两年后，王雷升为销售部的主管经理，张涛却仍然是一名普通员工。

在元旦的宴席上，一位老员工小声问身边的总经理："张涛是本科毕业，所学专业又与我们的产品吻合，你为什么提拔了王雷而不提拔他？"

总经理微微一笑："虽然王雷的学历没有张涛高，但他身上有一种强烈的成功欲望。无论交给他什么任务，他总是尽力完成得十全十美。"

工作不分贵贱，任何工作都值得我们全力以赴。很多员工认为自己从事的工作无足轻重，因此对工作敷衍了事，这是根本没有认识到自己工作的价值，也就谈不上做得好。以他们这种对待工作的态度，还想找一个更好的工作，那不是痴心妄想吗？

其实，在各行各业中都有施展才华和加薪晋职的机会，关键要看你是不是能静下心来，以积极主动的态度来对待你的工作，在工作中是否做到最好。

对于有志在工作中成就一番事业的员工来说，奋力拼搏是唯一的途径，即使老板不在，他们也不容许自己有丝毫懈怠。他们不会对自己说"我还是中途休息一下吧"，而是要求自己全力以赴，不达目的誓不罢休。他们也不会对自己说"我已经做得够好了"，而是要求自己在每一份工作中都尽力而为。在他们身上，流淌着"勤奋""敬业"的鲜血，他们永远超出老板预期，全力争取着每一个成长与提升的可能。

要知道，我们每个人的身上都蕴含着无限潜能，如果你能确定一个较高的目标，潜心静气，激励自己奋力拼搏，永远做得超出老板预期，那么你一定能够摆脱平庸，走向卓越，成为众人心目中不可或缺的人才。

忙碌不等于高效，关键要忙出成效

忙碌与效能不能成正比，是很多企业的“心病”。大家似乎都在忙碌工作，企业却没有利润。同样，员工们也疑惑：我这么努力，每天马不停蹄地忙碌，为什么老板还是不满意？

其实，关键就在于他们没有把重点放到结果上。现在，有不少员工在工作与结果的认识上存在误区。他们把上班当成结果，认为只要上班就可以领工资，这种观念大大地扭曲了员工与企业的关系。

企业要的是结果而不是过程，即使你付出了千倍的努力，吃尽了苦头，如果你没有给公司提供好的结果，所有的忙就是白忙。作为员工，我们完成工作时，都要沉下心来，思考自己为什么忙、怎样忙、什么该忙什么不该忙，只有尽心尽力地将事情忙在点子上，我们的工作才有意义，我们也才能为公司和自己创造更多价值。如果你的忙不是为公司多出业绩，而只是应付工作，做表面文章，这种忙是毫无意义的。

一位企业领导让李浩去买书，李浩先到了第一家书店，书店老板说：“刚卖完。”之后他又去了第二家书店，营业人员说已经去进货了，要隔几天才有。李浩又去了第三家书店，这家书店根本没有所需的书。

快到中午了，李浩只好回公司，见到领导后，李浩说：“跑了三家书店，快累死了，都没有，过几天我再去看看！”领导看着满头大汗的李浩，欲言又止。

李浩虽有苦劳，却没有功劳，因为他没有为公司提供结果。要知道公司是靠结果生存的，如果我们每个人都满足于苦劳，满足于“我尽力了，结果做不到我也没办法”，那么公司靠什么生存？

竞争残酷无情，不论你曾经付出了多少心血，做了多少努力，只要你拿不出业绩，那么一切辛苦皆是白费，一切付出均没有价值，一切过程都没有意义。一切用结果说话，只有做出了业绩，不断为公司创造利润的人，才会有更好的发展。

加倍努力，不需要任何怨言

生活中不可能一切都顺心如意，人在面对不顺心的情形时通常有两种表现：一类人对于这种状况视而不见，继续尽心尽力地做应该做的事情；另一类人，会四处抱怨，直到自己发泄完心中的不满。你有没有想过自己是哪类人？

遇到不顺心的情况不抱怨，不心生怨言的人更容易赢得别人的尊重，也更容易取得成功。他们将用来抱怨的时间花费在如何让自己更精进上。那些心存怨言，四处诉苦的人，往往在抱怨的时候就同成功失之交臂了。

玛丽和杰西卡都是维尔公司的老员工，由于经营困难，公司裁员。她们二人都上了解聘名单，并且被通知在一个月后离职。

面对这突如其来的变故，两人都深受打击。玛丽十分气愤，到处诉苦，就像是丢了孩子的祥林嫂，逢人就抱怨。最初，身边的同事同情玛丽的遭遇，还安慰她几句。可后来，玛丽的埋怨越来越升级，她不仅抱怨公司不体谅她的付出，还含沙射影地暗示她被解雇是某位同事的陷害。玛丽的怨气不仅发泄在同事身上，还发泄在工作上。她认为反正自己都要离开了，工作完成的好坏已经无关紧要，不如敷衍了事给那些陷害自己的同事和不赏识自己的领导添些麻烦。

而杰西卡知道这个消息时也很难理解。不过区别于四处抱怨的玛丽，杰西卡希望自己到最后都能给公司留一个好印象，也给自己留一份圆满的回忆。所以她工作起来更加认真，当同事提起她即将被解雇时，她也不抱怨公司，反而说是自己的能力不足。杰西卡格外珍惜在公司剩下的日子，珍惜与同事共处的时光。

一转眼一个月之期到了，玛丽如期离职，杰西卡却因为之前一个月的突出表现被公司的领导挽留。杰西卡不仅保住了自己的工作，还赢得了同事和领导的一致好评，甚至获得了晋升的机会。

面对突如其来的打击，杰西卡没有抱怨，也没有喋喋不休地诉苦，而是沉住气，认真对待自己的工作，做到善始善终，最终，她也以自己的卓越表现赢得了公司的挽留。

美国总统肯尼迪说："不要问国家为你做了什么，要问你为国家做了什么。"同样，面对工作，我们也应该不时地问自己：你的贡献是什么？对待工作要做到不抱怨、不埋怨地执行，对待人生更应该心中没有怨言。与其抱怨为什么赢的人不是自己，为什么受别人喜欢的不是自己，不如把抱怨的时间用作研究怎样才能赢，怎样才能做到最好。

俞玲在研究生毕业后到一家很有名的外企公司工作。她本来期望自己有一个很高的起点，能够更好地展现自己的实力，从此开创美好的职业生涯。谁知道，上班后，她做的工作就是拆应聘信，归纳整理，整理之后再拆信。日子平淡无奇，工作也索然无味，由于每天收的信非常多，整日忙得四脚朝天，还时常需要加班。她的工作与她的期望相差太大。不过即便如此她也没有像其他人一样跟上级抱怨，要求换工作或者干脆跳槽。她只是日复一日耐心仔细地工作。

就这样过了三个月，俞玲被提拔为公司的人事部经理助理。其他新进员工都觉得不可思议，甚至四处抱怨领导赏罚不公，没有理由提拔一个新人做经理助理。然而，当上司公布俞玲升迁的理由时，众人哑口无言。他们再也说不出什么，只是懊悔自己当初为什么没坚持一下。原来，俞玲正是因为每天认真对待平凡重复的琐碎工作，才赢得上司的赏识。她的耐心和工作表现充分体现了她对这份工作的责任心和管理才能。

俞玲这样一个高材生，面对高中毕业生都能做的工作，不仅没有怨言，还认真对待，并且做得尽善尽美。这样把自己工作岗位上的任何事都放在心上、做得出色的素质，正是一个成大器的人应具备的素质。

这个社会充满了机遇和挑战，人人都希望能够把握机会脱颖而出。如果连工作都无法很好地驾驭，心怀怨言自怨自艾，没有人会相信你有成功的能力，也没有人会肯定和相信你。想成功的人就应该把嘴巴闭严，收起心中的不满，努力工作，才能收获成功，成就伟大。

第十二章

成功不是全部，幸福靠平常心守住

人有平常心，无时不幸福；人有满足感，无时不快乐。每个人都在努力通往自己选择的那条道路。有的人选择做一个成功人士，有的人选择成为一个快乐的人。其实，成功和幸福并不矛盾，但如果将成功视作人生唯一的目标，而忽略了路上那些美丽安宁的时刻，那么我们的内心就很难获得平静与安乐。

心灵的富足是真正的力量

安贫乐道并不是让人不思进取，而是让人珍惜眼前的生活，珍惜已经拥有的一切，懂得勤劳耕耘才能有所收获；安守本分并不是让人处处退让，而是让人认清自己的能力，找到自己的位置，继而再接再厉地奋斗。恰如其分地做自己能做到的事情，才是富有的秘诀。

为人处世，穷而不乏，实属难能可贵的精神。钱财和权力，未必总能给人带来快乐，烦恼也会随着名利袭上心头。反而是那些本本分分活着的人，或许物质上未能达到极大丰富，但精神却很富足。

庄子物质生活很贫穷，但是他的精神生活却并不贫穷。安贫乐道是庄子对自己的要求，也是对世人的忠告。正如庄子所说，贫穷并非疲惫，安贫乐道的人也并非没有精神涵养，不思进取。一个人物质上贫穷并不可怕，但一定不要使自己的心灵贫穷，心灵贫穷才是真正的可悲。庄子生活困苦，但是庄子的精神力量却散发出耀眼的光辉，他深谙快乐生活的道理，心与物游，天真烂漫，这种贫穷在某种意义上说就是富有。

春秋时的名士原宪住在鲁国，拥有一丈见方的房子，屋顶盖着茅草；用桑枝做门框，用蓬草做门；用破瓮做窗户，用破布隔成两间；屋顶漏雨，地面潮湿，他却端坐在那里弹琴。子贡坐着马车，穿着白衣，里面是紫色的里子，小巷子容不下高大的马车，他便走着去见原宪。原宪戴顶破帽子，穿着破烂的鞋，倚着藜杖在门口应答。子贡说："呵！先生患了什么病？"原宪回答说："我听说，没有钱叫作贫，有学识而无用武之地叫作病，现在我是贫，不是病。"子贡因而进退两难，脸上露出羞愧的表情。

子贡自以为了不起，听了名士对于贫穷的看法，他自己的脸上也露出了羞愧的表情。因为他自己实际上有了心病，不能从高层次看待贫困的问题，也忍受不了贫困的生活，更不理解那些善于忍受贫困，而心怀大志的人。

不同的人对于贫穷的看法不同，评判标准不同，忍受贫穷的能力也不同。有些人是不得不居于贫困，饱受煎熬，所以觉得贫困是可怕的，这是着眼于物质生活的贫困。还有一些人是甘居贫困，是借贫困的环境来磨炼自己的意志，这是自觉地忍受贫困。这样的人不注重自己的物质享受，而是更看重自己的精神修养，这才是积极地忍受贫困。

贫穷毕竟不是什么幸福的事，每个人都希望改变贫穷的状况，但是急于求成或用歪门邪道脱贫，是不可取的。那些贩夫走卒虽然奔波劳苦，过着贫苦的生活，但他们享受着劳动的快乐和精神的充实，一步步地向幸福生活迈进；那些满腹经纶的人，虽然积累学识非常辛苦，但他们可以用知识来创造财富，一样能获得物质满足。相反，许多人心灵空虚，贪欲满腹，即使家财万贯，也未必能快乐，因为他们不知道知足常乐，不懂得心安理得，也就注定了他们得不到快乐，只能在欲望和痛苦的泥沼中苦苦挣扎。只有当他们舍弃对外物的欲望，懂得贫富皆是福，才能心安理得地享受生命的自在与欢乐。

忙碌不应该成为心灵的常态

忙碌是现代人生活的典型状态，但忙碌不应该成为心灵的常态。若从忙碌中体会到的是烦恼与纷扰，便很难体验到自由洒脱的心境。在忙碌的世俗生活中，保持平常心，将忙碌的劳累与不快沉淀到心底，并用岁月将其风干成一种曾经奋斗的记忆，才是在工作中获得快乐的方法。

工作是现代人生存的必要方式，要想很好地生存，就要把自己变成一颗螺丝钉，随着城市一起运转。否则，你的结局只能是被抛弃到城市之外。但是，如果单纯用工作来填充自己的人生，那我们的人生就只剩下一种颜色——灰色。工作以及工作中的人际关系带来的压力，会让你倍感焦灼，渐渐地，你就会陷入一种亚健康状态。这时，你就要转换对工作的态度，首先要把工作作为一种兴趣，带着激情去工作。

美国石油大王洛克菲勒由衷地热爱自己的事业，他曾这样说：“我永远也忘不了我做的第一份工作——簿记员的经历。那时，我虽然每天天蒙蒙亮就得去上班，而办公室里点着的鲸油灯又很昏暗，但那份工作从未让我感到枯燥乏味，反而很令我着迷，连办公室里的一切繁文缛节都不能让我对它失去热心。而结果是雇主总在不断地为我加薪。”他还说：“我从未尝过失业的滋味，这并非我的运气好，而在于我从不把工作视为毫无乐趣的苦役，我能从工作中找到无限的快乐。”洛克菲勒在给儿子的信中，也这样说道：“如果你视工作为一种乐趣，人生就是天堂；如果你视工作为一种义务，人生就是地狱。”

若想人生不变成地狱，就请牢记这句话：视工作为一种乐趣。当然在工作的同时，你还要学会享受生活，把生活当作一门艺术来看，随时放慢自己前行的脚步，让你的心松口气，你将收获别样的风景。

人生就像登山，不是为了登山而登山，而应感受攀登过程中的所见所闻，如果忽略了沿途风光，也就体会不到其中的乐趣。人们最美的理想、最大的愿望便是过上幸福生活，而幸福生活是一个过程，不是忙碌一生后才能到达的一个顶点。

其实，休闲与工作并不矛盾。若想处理好二者的关系，最重要的是能拿得起、放得下。工作时要全身心投入，高效运转；休闲时要彻底放松，把工作完全放在一边，不要总是牵肠挂肚。

工作、休闲应该搭配得当，不能忙时累得半死，闲时又闲得发慌。可以隔三岔五地安排一个小节目，比如雨中散步、周末郊游等以放松身心。适时忙里偷闲，可以让人从烦躁、疲惫中及时解脱，从而获得内心的平静和安详。

生活需要简单来沉淀

过高的期望并不能给你带来快乐，只会一直左右着你的生活：拥有宽敞豪华的寓所、完美的婚姻；让孩子享受最好的教育，成为最有出息的人；努力工作以争取更高的社会地位；买高档商品，穿名贵的皮草；跟上流行的大潮，永不落伍……

要想过简单的生活，改变这些过高的期望是很重要的。富裕奢华的生活需要付出巨大的代价，并且不能相应地给人带来幸福。如果我们降低物质需求，将会感受到粗茶淡饭有真味，窗明几净是安居。改变奢华的生活方式，过简约的生活，我们将节省出更多的时间来充实自己。幸福、快乐、轻松是简单生活追求的目标。这样的生活更能让人认识到生命的真谛。

生活需要简单来沉淀，跳出忙碌的圈子，丢掉过高的期望，走进自己的内心，认真地体验生活、享受生活，你会发现生活原本就是简单而富有乐趣的。

一位专栏作家曾这样描述一个美国普通上班族的一天：

7点铃声响起，开始起床忙碌：洗澡，穿职业套装——有些是西装、裙装，另一些是大套服，医务人员穿白色的，建筑工人穿牛仔和法兰绒T恤。吃早餐（如果有时间的话），抓起水杯和工作包（或者餐盒），跳进汽车，接受每天被称为高峰时间的惩罚。

从上午9点到下午5点工作，装得忙忙碌碌，掩饰错误，微笑着接受不现实的最后期限。当“重组”或“裁员”的斧子（或者直接炒鱿鱼）落在别人头上时，自己长长地松了一口气。扛起额外增加的工作，不断看表，思想上和你内心的良知斗争，行动上却和你的老板保持一致，再次微笑。

下午5点整，坐进车里，行驶在回家的高速公路上。与配偶、孩子或室友友好相处，吃饭，看电视。

8小时天赐的大脑空白。

文章中描写的那种机械无趣的生活离我们并不遥远，许多人每天都在一片大脑空白中忙碌着，置身于一件件做不完的琐事和理不清的杂念中，丝毫体验不到生活的乐趣。这个时候，我们就需要抛开一切，让自己放松，你才会重新找到生活的意义和乐趣。

你可以从每天抽出1小时静静地待着，什么也不做，当然前提是，你要找一个清静的地方，否则如果是有熟人经过，你们一定会像往常那样漫无边际地聊起来。也许刚开始的时候，你会觉得心慌意乱，因为还有那么多事情等着你去干。你会想这样干坐着，分明就是在浪费时间。可是，如果你把这些念头从大脑中赶走，坚持下去，渐渐你就会发现整个人都会轻松很多，这一个小时的清闲让你感觉很舒服，干起活来也不再像以前那样手忙脚乱，你可以很从容地去处理各种事务，不再有压迫感。

人情世故要看透，赤子之心不可丢

人这一辈子最无忧无虑的是童年，当你还是个孩童，你从不会认为活着是很累的事情，似乎所有的事情都理所当然。虽然你也会怀有疑惑，好奇为什么天是蓝的，草是绿的，但你并不在乎真正的缘由。人一旦长大，接触的事情多了，要考虑的东西多了，渴望的东西也变得多了，活着就变成一件很累的事。

其实并不是儿童更懂得如何生活，能够更好地洞悉事情的真相，而是因为成人早就失去了当初那颗赤子之心。所以，当你感觉到自己被生活的重负压得透不过气，不妨试着做回孩子，用纯净简单的心去面对。

孟子曾说："大人者，不失其赤子之心者也。"这里的大人并不是我们所说的成人，而是指能够成就大业的人。似乎人们从未意识到，孩童比起成人面对明确的目标或目的要更执着，大人在嘲笑他们的幼稚时，却从未意识到幼稚只是成人的说法。

凯尔泰斯·伊姆雷是一位匈牙利木材商的儿子，从小周围的人都嘲笑他愚笨，喜欢戏弄他。有一天，他做梦，梦到自己由于写文章获得了诺贝尔文学奖。他高兴地醒来后，把这个梦说给所有认识他的人听。那些嘲笑他的人说："你那是在做梦而已，别在那痴人说梦了。"可是他的妈妈却轻轻地摸了摸他的头，说："孩子，太好了，这是上帝给你的暗示啊。你是被上帝选中的人，拿起你手中的笔吧！"自此后，小凯尔泰斯真的热爱上了写作，甚至当他被抓进集中营的时候，他也没有放弃。在集中营内每天有数以百计的人死去，更有数不清的人被折磨得精神崩溃，然而凯尔泰斯凭借着要成为作家，要获得诺贝尔文学奖的信念支撑了下来。在他看来，只要能够坚持住，他就能从事这辈子最热爱的职业。1965年，凯尔泰斯写出了他人生中的第一部作品。2002年，他像梦中梦到过的一样站在了诺贝尔文学奖的领奖台上，获取了由瑞典皇家文学院授予的诺贝尔文学奖。

在他的获奖感言中有这么一句："我只知道，当你喜欢做这件事，多少困难你都不在乎时，上帝就会抽出身帮助你。"

也许有人会说凯尔泰斯·伊姆雷的成功是因为他日复一日的坚持，事实上，正是他的那颗赤子之心让他一直坚持到梦想成真。

有多少人早已记不清自己童年时的梦想，又有多少人总是生活在胆战心惊和相互猜忌之中，生怕别人看穿了自己的心思，以为这样才能够获得自己想要的，却不知道最宝贵的童心就这样被无情地丢弃了。

孩子并不懂得分辨钻石的价值，让他们选择钻石和玻璃球时，他们宁可放弃价值上万元的钻石，也要拿不值一文用来玩耍嬉戏的玻璃球。当成人看到这样的抉择，谁不会掩面而笑，认为他们太过无知。可谁知道，真正应该被嘲笑的是早就钻进了名利世界的成人。

曾有人询问罗纳尔迪尼奥为什么能成为世界闻名的球员，他的成功有什么诀窍。罗纳尔迪尼奥挠了挠头，说他也不清楚，只是他觉得踢足球很有趣，是件能够让自己快乐的事。这个答案超乎了所有人的想象。

喜好是最好的老师，单纯的喜欢让罗纳尔迪尼奥将足球变成了一种艺术，也让他获得了成功。这其实和小孩子选玻璃球是一样的道理。面对人生的选择时，你要衡量的不应该是它们的实际价值或者价格，而是不忘自己的赤子之心。

世界上最伟大、最深刻的思想家并不是我们崇拜的哲人、智者，而是孩童。他们的思维因为简单而可贵。爱默生说："任何事物都不及伟大那样简单，事实上，能够简单便是伟大。"这样原始的思考问题的方式是任何复杂狡猾的人无法体会的。

就像《皇帝的新衣》里，一语道破真相的孩童。为什么当那些成年人都碍于种种理由不敢开口时，这个孩子却能一言道破真相？并不是那些成年人看不到，而是他们考量过多利益得失，从而迷惑了自己。我们认为《皇帝的新衣》中的皇帝可笑，大臣可笑，可现实生活中谁不在自欺欺人呢？

联合国前秘书长安南在自己的庄园设宴举办慈善晚宴。许多社会名流人士以及富豪都纷纷赶来，为非洲贫困儿童募捐。在庄园的门口，保安们小心谨慎地检查着来客的身份。只有那些手持邀请函的宾客和带有工作牌的工作人员才能进入。

突然门口站着一个小女孩，她手里抱着一个小小的玩具想要闯进晚宴。门口的保安和这个小女孩产生了言语冲突，很快，宾客的目光被吸引了过去。只听见那个小女孩突然大声说道："叔叔，慈善不是钱，是心，对吗？让我进去吧！"

小女孩的言语赢得了所有宾客的掌声。

小女孩之所以会被挡在门外，就是她没受到邀请，而分发邀请函的标准是社会地位和金钱。可是慈善真正需要的是心，并不是你身无分文就不可以做慈善。固然那些腰缠万贯的人可以利用钱来帮助很多需要帮助的人，可是只要你有一颗慈善之心，你也可以帮到别人。

和大人相比，孩子们即便知识匮乏，却能凭借一颗赤子之心、感受力和想象力直达人性本质。如果我们能偶尔丢掉身上的成人包袱，像孩子一样思考，能够诚实、坦荡、率性地面对人生，不去考虑功名利禄，不去担心得罪别人，是不是就会幸福许多？

心存希望才能看见未来

在这样一个竞争激烈的社会，我们的生活有时困难重重，有时失败连连，甚至有时被人无情嘲笑……但无论什么时候，我们都不能放弃努力；

无论什么时候，我们都不要熄灭心中希望的圣火。这样你就能够在艰苦的岁月中存有一份希望，不至于被各种困难吓倒，最终走出困境，收获幸福。

有两个人结伴穿越沙漠。走到半途，水喝完了，其中一人也因中暑而倒下。同伴把一支枪递给中暑者，再三吩咐："枪里有五颗子弹，我走后，每隔两小时你就对空中鸣放一枪，枪声会指引我前来与你会合。"说完，同伴满怀信心地找水去了。

躺在沙漠里的中暑者却满腹狐疑：同伴能找到水吗？能听到枪声吗？他会不会丢下自己这个"包袱"独自离去？

暮色降临的时候，枪里只剩下一颗子弹，而同伴还没有回来。中暑者确信同伴不会再回来了，自己只能等待死亡。想象中，沙漠里的秃鹰飞来，狠狠地啄瞎他的眼睛，啄食他的身体……终于，中暑者彻底崩溃了，把最后一颗子弹送进了自己的太阳穴。

枪声响过不久，同伴提着满壶清水，领着一队骆驼商旅赶来，找到了中暑者温热的尸体。

中暑者不是被沙漠的恶劣环境吞没，而是被自己的恶劣心境毁灭。身处困境，他用绝望驱散了希望的圣火，拒绝了未来。

留住心中的"希望之火"，相信自己会有一个无可限量的未来。心存希望，任何艰难都不会成为我们的阻碍。

一个人经过两山之间的木桥，突然，桥断了，奇怪的是，他没有跌下，而是停在半空中。脚下是深渊和湍急的涧水。他抬起头，一架天梯荡在云端。望上去，天梯遥不可及。倘若落在悬崖边，他绝对会乱抓一气，哪怕只抓到一根救命小草。可是这种境地，他彻底绝望了，吓瘫了，抱头等死。渐渐地，天梯缩回云中，不见了踪影。云中的声音说："这叫障眼法，其实你踮起脚尖儿就可以够到天梯，是你自己放弃了求生的愿望，那么只好下地狱了。"

踮起脚尖儿，就是另一番境界。希望是生命的维系，只要一息尚存，就要心存希望，就要奋斗。身处逆境，不要轻易放弃。只要心灵不熄灭希望的圣火，努力地去寻找，总会找到渡过难关的方法。

困境并不可怕，关键是人在困境中是否心存希望。生活给予我们挫折的同时，也赐予了我们坚强，我们就有了另一番阅历。对于心存希望的人，生活从来都不吝啬。

退一步看现在，收获如意人生

万事万物的法则是均衡阴阳盈亏，有得必有失。你不可能得到所有的，那么不满于现状的时候不妨退一步想，如果自己连现在所拥有的都丢了呢?

正所谓退一步海阔天空，不要总抓住不幸不放手，进退有道的生活才能更幸福。

穷人与妻子、女儿、女婿还有6个孙子，总共10个人生活在一间小房子里，每天的争吵让穷人脑袋快要裂开了。即使不争吵，过度的拥挤也使人无法忍受，尤其是夏天的时候，简直和地狱一般。穷人无法忍受现在的生活，于是去找智者讨教。

智者问了他的情况，知道他还有一只山羊、一头奶牛和一些鸡，于是给他出主意：“你把山羊、奶牛和鸡都带到屋子里一起住。”穷人听了难以置信，但看智者那成竹在胸的样子，他还是同意了。

刚过了一天，穷人就受不了了，他跑到智者那里质问：“你给我出的什么馊主意，我的屋子都变成羊圈了，羊把我的东西全撕碎了。”

智者平静地说：“你把羊牵出去就好了。”

第二天，穷人又满脸痛苦地过来了，他说：“那头奶牛把我的屋子变成了牛棚，还天天用脚挠地，简直没法活了。”

智者说：“是啊，你把牛牵出去就好了。”

又过了一天，穷人痛苦地说："我简直痛不欲生，那些鸡弄得屋子里满是鸡屎，太糟糕了，我为什么要跟一群畜生生活在一起？"

智者微笑："完全正确，赶快回家把鸡都赶出去！"

又过了半天，穷人找到智者，他是一路跑着来的，满脸红光，他激动地拉住智者的手说："谢谢你，你又把甜蜜的生活给了我。现在所有的动物都出去了，屋子显得那么安静，那么宽敞，那么干净。这样一想，原来我是这么幸福。"

退一步看现在，我们都是幸福的。当你不快乐时，不要一味地想"我怎么这么倒霉"，而要关注你所拥有的。比如，有的人工作轻松、自由、压力小，但工资低。他要想感到快乐，眼睛就不能老盯着工资低不放，而应该多想想"我多自在啊"。反过来，有的人工资很高，但压力大、不自由，他要想感到快乐，眼睛就不能老盯着工作压力大不放，而应该多想想"我的工资待遇是很多人望尘莫及的"。

我们每天不开心，是因为在可以战胜的困难面前不能进一步，在困境下又不知退一步，贪恋得不到的东西和忘不掉所受的伤害，其实退一步看，就会感受到当下的幸福。

阿姆要和相恋多年的女友结婚了，全家人高兴地购置家具、装修房子。经过装修队一个月地辛苦工作，家里终于光亮如新。阿姆从楼上到楼下仔细欣赏他的新房，突然发现厨房水槽下的那个旧水泵锈迹斑斑，在洁白墙面的衬托下，显得非常刺眼。

装修队的工作已经结束了，阿姆想自己买来一些油漆将水泵外壳涂一涂，这样两者之间的差距会小一些，看起来没有那么突兀。他用手抓着旧水泵刚要涂，突然想起：水泵早就坏了，线路也拔掉了，那为什么还要涂呢，不如干脆整个拔掉。

阿姆一把拔掉了水泵，在场的家人面面相觑，转而又会心大笑。

其实我们的生活不也是这样吗？以前的旧事和往日的挫折如同旧水泵一般挡在我们心里，与其天天面对这些，不如退一步，拿掉它们，用轻松的心态来面对每个崭新的一天。

上帝不能把什么都给你，所以我们要学会能进能退，进退有道，自我调节，这并不是说安于现状，而是以一种积极的心态来面对更大的挑战。

用慢慢来的心态，拉长你的幸福

许多人钻营忙碌了一辈子，究竟为谁辛苦为谁忙？到头来自己仍无所适从。依照老子的观点，若想生活得充实而从容，只需记住两个字——徐生。徐，有缓慢的意思，只有明明白白、充满意义地“动之徐生”，才能心平气和、生生不息。

父子俩一起耕作一片土地。一年一次，他们会把粮食、蔬菜装满老旧的牛车，再运到附近的镇上去卖。但父子二人相似的地方并不多，老人家认为凡事不必着急，年轻人则性子急躁、野心勃勃。

这天清晨，他们又一次运货到镇上去卖。儿子用棍子不停催赶牛车，要牲口走快些。

“放轻松点，儿子，”老人说，“这样你会活得久一些。”

可儿子坚持要走快一些，以便卖个好价钱。

快到中午的时候，他们来到一间小屋前面，父亲说要去和屋里的叔叔打招呼。儿子继续催促父亲赶路，但父亲坚持要和好久不见的弟弟聊一会儿。

又一次上路了，儿子认为应该走左边近一些的路，但父亲却认为应该走右边有漂亮风景的路。

就这样，他们走上了右边的路，儿子却对路边的牧草地、野花和清澈的河流视而不见。最终，他们没能在傍晚前赶到集市，只好在一个漂亮的大花园里过夜。父亲睡得鼾声四起，儿子却毫无睡意，只想着赶快赶路。

第二天，在路上，父亲又不惜浪费时间帮助一位农民将陷入沟中的牛车拉出来。这一切，都使儿子气愤异常。他一直认为父亲对看日落、闻花香比赚钱更有兴趣，但父亲总对他说：“放轻松，你可以活得更久一些。”

到了下午，他们才走到俯视城镇的山上。站在那里，看了好长一段时间，两人都不发一言。

终于，年轻人把手搭在老人肩膀上说：“爸，我明白您的意思了。”

小镇在前一夜因地震而成了一片废墟。

他们把牛车掉头，离开了原来的地方。

生命的节奏就像河流的奔涌，有急有缓，既有“星垂平野阔，月涌大江流”的舒缓从容，又有“乱石穿空，惊涛拍岸，卷起千堆雪”的激烈紧迫。一张一弛，生活之道也。哪能一味急迫，或者一味悠闲？一味急迫，生命就显得匆忙；一味悠闲，生命就显得虚无。只有急缓相当，张弛有度，你才能收获生活的幸福。

做事过于急迫，生活节奏过快，就会令我们失去喘息的机会，到最后因压力所迫而难以呼吸。万事在急于求成的人面前，都会调皮地捣乱，令人手忙脚乱，所以千万不要怕生活的节奏慢了下来。

也许我们放弃了舟马，但收获了滋润的心灵；疲惫了身体，却点燃了追寻的激情。在人生路上慢慢地行走着，装一颗探求的心灵，携一份悠闲淡泊的神思，看一看人间百态，品一品世间甜苦，闻一闻鸟鸣虫嘶，嗅一嗅芳草鲜花，不做高深的评论，只需用心感触、领悟，你就会发现生活是如此五彩缤纷。